ピアジェの構成論と
幼児教育 Ⅰ

物と関わる遊びをとおして

加藤泰彦　編著
C.カミイ

大学教育出版

ピアジェの構成論と幼児教育Ⅰ
物と関わる遊びをとおして

目　次

第Ⅰ部　理論編 …………………………………………………… 1

第1章　構成論とは ………………………（C. カミイ、尾崎恭子訳）…2
1. 構成論とは　*2*
2. 3種類の知識　*7*
3. ピアジェの構成論と行動主義との関係　*10*

第2章　遊びと発達 ………………………（C. カミイ、長廣真理子訳）…*12*
1. 幼児教育における遊び　*12*
2. 遊びの教育的価値　*13*
3. 子どもたちは何をどのように学んでいるのか　*18*

第3章　物と関わる遊びとは ………………（C. カミイ、宮川洋子訳）…*20*
1. 物と関わる遊びの特徴　*20*
2. 物と関わる遊びの重要性　*22*
3. 物と関わる遊びのよい基準　*23*
4. 物と関わる遊びと伝統的な理科教育との違い　*25*

第4章　物と関わる遊びの指導上の原則 ……（C. カミイ、山口和代訳）…*26*
1. 遊びをどのように計画するか　*26*
2. 遊びをどのように導入するか　*29*
3. 遊んでいる時にどのような言葉かけや手だてをするか　*30*
4. 遊びが終わった後はどうするか　*34*

第Ⅱ部　実践編 …………………………………………………… 37

第5章　積木遊び ………………………………………（加藤泰彦）…*38*
1. はじめに　*38*
2. 高いタワーを作って遊ぼう　*39*

3. 結果と考察　*40*

4. まとめ　*50*

5. ワンポイントQ＆A　*51*

6. 指導案：1〜3歳児「高いタワーを作って遊ぼう」　*52*

第6章　斜面遊び……………………………………（宮川洋子）…*54*

1. はじめに　*54*

2. コロコロ転がして遊ぼう　*55*

3. ワンポイントQ＆A　*62*

4. 指導案：1〜2歳児「コロコロ転がして遊ぼう」　*63*

第7章　てこの遊び……………………………………（加藤承彦）…*64*

1. はじめに　*64*

2. お手玉をとばして遊ぼう　*65*

3. 結果と考察　*66*

4. まとめ　*70*

5. ワンポイントQ＆A　*71*

6. 指導案：1〜2歳児「お手玉をとばして遊ぼう」　*72*

第8章　ドミノ倒し……………………………（山本直子・尾崎恭子）…*73*

1. はじめに　*73*

2. ドミノを倒して遊ぼう　*74*

3. まとめ　*82*

4. ワンポイントQ＆A　*83*

5. 指導案：3〜5歳児「ドミノを倒して遊ぼう」　*84*

第9章　ターゲットボール………………………（C. カミイ、橋本祐子訳）…*85*

1. はじめに　*85*

2. ターゲットボールをして遊ぼう　*85*

3. 実践事例　*86*

4．まとめ　*93*
　　5．指導案：3〜4歳児「ターゲットボールをして遊ぼう」　*94*

第10章　空き箱自動車作り …………………（長廣真理子・見平和美）…*96*
　　1．はじめに　*96*
　　2．走る自動車を作ろう　*97*
　　3．ワンポイントQ＆A　*106*
　　4．指導案：3〜5歳児「走る自動車を作ろう」　*107*

第11章　クーゲルバーン ………………………（向川祐子・加藤泰彦）…*109*
　　1．はじめに　*109*
　　2．ビー玉が転がる道を作ろう　*110*
　　3．ワンポイントQ＆A　*121*
　　4．指導案：4歳児「ビー玉が転がる道を作ろう」　*122*

第12章　ボーリング遊び ………………………（岩本博美・加藤泰彦）…*124*
　　1．はじめに　*124*
　　2．どんな遊びができるかな？　*125*
　　3．ペットボトルを倒して遊ぼう　*128*
　　4．ボーリングゲームをしよう　*132*
　　5．ワンポイントQ＆A　*137*
　　6．指導案：4〜5歳児「ボーリングゲームをしよう」　*138*

第13章　クッキング ……………………………………………（長廣真理子）…*139*
　　1．はじめに　*139*
　　2．クッキングカードの意義とその作り方　*139*
　　3．ミックスジュースを作ろう　*140*
　　4．みかんゼリーを作ろう　*145*
　　5．まとめ　*149*
　　6．ワンポイントQ＆A　*149*

7．指導案：3歳児「ミックスジュースを作ろう」　*150*

第14章　色水遊び ………………………………………（尾崎恭子）…*152*
　　1．はじめに　*152*
　　2．いろんな色水を作って遊ぼう　*153*
　　3．ジュースやさんをして遊ぼう　*159*
　　4．ワンポイントQ＆A　*164*
　　5．指導案：3〜5歳児「いろんな色水を作って遊ぼう」　*165*

第15章　しゃぼん玉遊び ……………………（宮川洋子・本川由美）…*167*
　　1．はじめに　*167*
　　2．しゃぼん玉を作って遊ぼう　*168*
　　3．ワンポイントQ＆A　*176*
　　4．指導案：4〜5歳児「しゃぼん玉を作って遊ぼう」　*177*

第16章　水遊び ……………………………………………（橋本祐子）…*179*
　　1．はじめに　*179*
　　2．流れる水で遊ぼう　*179*
　　3．まとめ　*191*
　　4．ワンポイントQ＆A　*192*

引用・参考文献 …………………………………………………………… *193*

索　　引 …………………………………………………………………… *195*

第Ⅰ部

理論編

第1章

構成論とは

コンスタンス・カミイ（アラバマ大学バーミンガム校名誉教授）
尾崎恭子（元・アラバマ大学バーミンガム校）訳

1. 構成論とは

　構成論にもいろいろありますが、本書で述べるのは"ピアジェ"の構成論です。ピアジェ理論について述べた著者はたくさんいますが、残念なことに、彼らはピアジェが貢献した最も重要なものは、子どもの「発達段階」であると言っています。しかし、私の考えでは、ピアジェ理論の最も重要なものは「構成論」です。構成論では、人間は知識を外部から取り込むこと（内面化）によって獲得するのではなく、外界との相互作用を通して、内部から構成するのだと言います。したがって、ピアジェが明らかにした発達段階（レベル）は、知識が構成される過程を証拠づけるものであるという点でのみ重要なのです。

　知識の構成過程の特徴の1つは、人間はあるレベルの"まちがい"から次のより進んだレベルの"まちがい"へと進みながら知識を作り上げるということです。例えば、赤ちゃんが言葉を話せるようになるプロセスを見てみましょう。話し始めの赤ちゃんの言葉を注意深く聞いてみると、最初は"ball"といった1語だけをしゃべることに気づきます。それから赤ちゃんは2つの言葉を結びつけて、"Ball gone"といった2語文を言うようになります。さらに大きくなると、"Ball gim'me"（Ball give me）といった3語文を話すことができるようになります。

　しかし、赤ちゃんの周囲にはこのような話し方をしている人は誰もいません。それなのに、赤ちゃんがこのような話し方をすることに注目して下さい。このことは、赤ちゃんは言葉を外部から取り込むことによって学習するのではないことを意味しています。

ところで、"Ball gone"という2語文は文法的には"まちがい"ですが、"ball"という1語文よりも高いレベルのまちがいです。同様に、"Ball gim'me"という3語文もまちがっていますが、"Ball gone"という2語文よりも進歩しています。このように、赤ちゃんはあるレベルのまちがいから次のレベルのまちがいへと進歩することによって、言葉を話せるようになるのです。

多くの大人や教育者たちは、長い間、知識は子どもの外部にあるもので、子どもは知識を"外部から取り込む"ことによって獲得するのだと信じてきました。しかし、ピアジェの構成論からすれば、子どもは知識を自分自身で"内部から構成する"のです。そこで、その証拠となるピアジェの研究のいくつかを見てみることにしましょう（Piaget, J., 1927/1930）。

（1） 自転車の知識

1920年代のジュネーブでは、自転車は男の子にとっておなじみのものでした。そこで、ピアジェは4歳から12歳の男の子に自転車の絵を描いてもらい、自転車はどうやって動くのかを説明してもらいました。

図1-1はある5歳児が描いたレベルIの絵です。この絵には明らかなまちがいがあります。なぜなら、この絵には2つの車輪とペダルだけしか描かれていないからです。図1-2はレベルIIの絵です。レベルIIでは、レベルIより多くの部分（部品）が描かれています。しかし、ハンドルとサドルはつながっていますが、ペダルとチェーンと歯車はうまくつながっていません。図1-3は、8歳児が描いたレベルIIIの絵で、すべての部分がつながっています。この絵を描いた子は、"ペダルをこぐと力がチェーンに伝わり、チェーンが後ろの輪を動かして、自転車が前に進むんだ"と説明しました。

レベルIとIIの絵で注意してほしいところは、これらの絵にはまちがいだけでなく、正しいところもあるということです。例えば、図1-1では、2つの車輪とペダルの位置の関係づけは正確です。このように、ピアジェの「発達段階」は、あるレベルのまちがいから次のより高いレベルのまちがいへと進みながら知識が構成されていくことを証明するものです。

図1-1　　　　　　図1-2　　　　　　図1-3

（2） 国と町の知識

2番目の例は、スイスとかジュネーブといった国と町との関係に関するものです（Piaget, J., 1951）。ピアジェは子どもたちの会話の中で、多くの4歳児が、"ジュネーブはスイスにあるんだ"と言っていることに注目しました。そこでピアジェは、子どもの前で紙に○を描いて、"これがジュネーブだとしたらスイスはどこにあるか描いてちょうだい"と言いました。

図1-4

図1-4はレベルⅠの例です。絵からわかるように、7、8歳までのレベルⅠの子どもたちは、スイスとジュネーブは隣り合っていると考えていることがわかります。10、11歳までのレベルⅡの子どもたちは、スイスの大きな○の中にジュネーブの小さい○を描きました。しかし、ジュネーブ人とスイス人との関係を聞くと、"ジュネーブ人はスイス人じゃあない"と答えました。一方、10、11歳以後のレベルⅢの子どもたちは、部分と全体とを正しく関係づけて、"ジュネーブはスイスの中にあり、ジュネーブ人はみんなスイス人だ"と答えました。

（3） 時間と年齢の知識

3番目の例は、時間と年齢に関するものです。ピアジェは妹がいる4歳児に次のようなインタビューをしました。

　　面接者：妹は何歳？
　　子ども：わからない。
　　面接者：赤ちゃん？
　　子ども：ううん、歩けるよ。

面接者：じゃあ、あなたと妹はどっちが年上？
子ども：わたし。
面接者：どうしてわかるの？
子ども：だって、私の方が背が大きいもの。
面接者：じゃあ、妹が学校へ行くようになった時には、どちらが年上？
子ども：わからない。
面接者：あなたたちが大人になった時には、どちらが年上？
子ども：……わからない。
面接者：あなたのお母さんは、あなたよりも年上？
子ども：はい。
面接者：あなたのおばあちゃんは、お母さんよりも年上？
子ども：ううん。
面接者：じゃあ同じ年？
子ども：うん、そうだと思う。
面接者：あなたのおばあちゃんの方が、お母さんよりも年上じゃあないの？
子ども：ううん。
面接者：おばあちゃんは、毎年、年をとるの？
子ども：ううん、同じまんま。
面接者：じゃあ、お母さんは？
子ども：お母さんもずっと同じまんま。
面接者：じゃあ、あなたは？
子ども：私はだんだん年をとるの。　　（Piaget, J., 1946/1969, p.221）

　このように、レベルⅠの子は時間的な関係づけを全くしていません。彼女の判断は、目に見える背の高さに基づいています。妹よりも自分の方が背が高いのは目に見えるので、自分の方が妹より年上だというわけです。しかし、妹が学校へ行く年になった時や、2人が大人になった時にはどっちが年上かと聞かれると、わかりませんでした。なぜなら、将来2人のどちらが背が高くなっているかを、今は見ることができないからです。彼女はまた、お母さんとおば

あちゃんは同じ年で、2人共もう年をとらないと言いました。なぜなら、2人は同じくらいの背の高さであり、もうこれ以上大きくならないからです。しかし、自分はだんだん背が高くなるので、だんだん年も多くなるというわけです。

　レベルIIの子どもたちは、2人の年齢差か生まれた順序のどちらか一方についてはわかりますが、年上であれば先に生まれており、先に生まれていれば年上であることを両方同時に理解することはできません。12歳のジェラルドという友だちがいる7歳児の例を見てみましょう。

　　面接者：ジェラルドはあなたより何歳年上なの？
　　子ども：5歳。
　　面接者：ジェラルドはあなたより先に生まれたの？それとも後？
　　子ども：わからない。
　　面接者：よく考えてみて。さっきジェラルドの年を教えてくれたでしょう？彼はあなたより先に生まれたの？それとも後？
　　子ども：ジェラルドは年は教えてくれたけど、どっちが先に生まれたかは教えてくれなかった。
　　面接者：どっちが先に生まれたかわかる方法はないの？
　　子ども：ジェラルドに聞いてみる。
　　面接者：聞かなくてもわかる方法はないかしら？
　　子ども：ない！　　　　　　　　　　　（Piaget, J., 1946/1969, p. 228）

　レベルIIIの子どもたちは、ある人がもう1人の人より年上なら、年上の人の方が先に生まれたということ（生まれた順序）も、ある人が別の人より5歳年上なら、大きくなってもずっと5歳年上だということ（年齢差）もわかるようになります。8歳児の例を見てみましょう。

　　子ども：ぼくには小さい弟が2人いるんだ。チャールズとジャン。
　　面接者：誰が1番初めに生まれたの？
　　子ども：ぼく。それからチャールズで最後がジャン。
　　面接者：あなたたち3人が大人になった時には、誰が1番年上なの？
　　子ども：ぼくが1番年上だよ。それからチャールズ、それからジャン。

面接者：おおきくなったら、あなたは弟たちより何歳年上になるの？
子ども：今と同じだけ。
面接者：どうして？
子ども：いつまでたっても年の差は同じなんだ。いつ生まれたかによるんだ。
　　　　　　　　　　　　　　　　　　　　（Piaget, J., 1946/1969, p. 229）

　前に述べたように、ピアジェは、人間は外界との相互作用を通して内部から知識を作り出すと言いました。構成論では、子どもをとりまく人や環境がとても重要な役割をもっていることに注目して下さい。もし赤ちゃんが日本語を一度も聞いたことがなかったら、決して日本語を話せるようにはなりません。もし子どもが一度も自転車を見たことがなかったら、自転車の絵を描くことはできません。このように、環境の役割が重要であることはまちがいありません。しかし、子どもたちは環境の中で見たり聞いたりしたことをそのまま取り込んでいるのではありません。子どもたちは見たり聞いたりしたことを、自分が持っている論理数学的知識を通して解釈し、作り出しているのです。そこで次に、ピアジェが区別した3種類の知識について述べることにしましょう。

2. 3種類の知識

　構成論の特色は、ピアジェが知識の源によって3種類の知識を区別したことにあります。3種類の知識というのは、物理的知識、社会（慣習）的知識、論理数学的知識の3つです。
　物理的知識は外界にある事物についての知識です。例えば、コップの色や重さとか、ガラスのコップは落としたら割れるがプラスチックのコップは割れないといった事物の性質についての知識です。丸いボールは転がるが四角な積木は転がらないという知識も、物理的知識の例です。このように、物理的知識の源は事物の中にあります。
　社会的知識は日本語や英語といった言語や、日本人は靴を脱いで室内に入るがアメリカ人は靴を履いたまま入るとか、日本人は握手ではなくおじぎをする

といった社会的慣習についての知識です。このように、社会的知識の源は人間が作った慣習（社会）の中にあります。したがって、物理的知識と社会的知識の源は個人の外部にあると言えます。

　それに対して、論理数学的知識の源は個人の内部（頭の中）にあります。例えば、赤色の丸いオハジキと緑色の丸いオハジキを見た時、私たちは2つのオハジキは"違う"と言います。"違う"という知識は、私たちが色を基準にして2つのオハジキを関係づけることによって作り出したものです。赤とか緑といったオハジキの"色"（物理的知識）は外部にあるので目で見えますが、しかし、2つのオハジキの"違い"は目で見えるものではないことに注意して下さい。というのは、2つのオハジキを関係づけることによって作り出された"違い"は、外部ではなく内部の頭の中にあるからです。また、色ではなく形を基準にして2つのオハジキを関係づけた時には、2つのオハジキは"同じ"だと言えます。さらに、2つのオハジキを数的に関係づけた時には、"2個ある"とも言えます。このように、論理数学的知識は、個人が頭の中に作り出した関係づけから構成されるものです。

　伝統的な教育者や一般の大人にとって、数は論理数学的知識の1つであり、目で見えるものではないことを理解するのは大変難しいようです。ほとんどの大人は、数え方を教えれば数がわかるようになると信じています。しかし、例えば、4歳児に5個のオハジキを見せて、「ここにいくつある？」と聞くと、同じオハジキを何度も数えて、"8個"と言ったりします。なぜこの子が何度も同じオハジキを数えるかといえば、まだ「順序づけ」という数的な関係づけをすることができないからです。"いち、に、さん…"といった数詞や数唱は、社会的知識です。ですから、大人が外側から子どもに教えることができます。しかし、数概念は論理数学的知識なので、外側から教えることはできません。数概念は事物を数的に関係づけることによって、子ども自身が頭の中に作り上げなければならないものです。詳しくは、『子どもたちが発明する算数』の1章「子どもたちの数概念の構成」を参照して下さい。

　私はこれまで3種類の知識のそれぞれが別個に存在し、お互いが無関係であるかのように説明してきました。しかし、実際には3種類の知識はお互いに関係し合って共存しています。例えば、妹よりも自分のほうが年上だと言った4

歳児の例を振り返ってみましょう。自分の妹という知識の中には、女性という物理的知識、姉妹という社会的知識、年下という論理数学的知識が共存しています。

　しかし、3種類の知識が共存しているということは、3つの知識が同等な役割を持っているということではありません。3つの知識の中でも、論理数学的知識には特別の役割があります。なぜなら、物理的知識と社会的知識は論理数学的知識がなかったら構成できないからです。例をあげて説明しましょう。（論理数学的知識を構成する5つの関係づけである分類、系列化、数量的、空間的、時間的関係づけについては、2章の説明を参考にして下さい。）

　前に述べた1番目の自転車の知識の例は、論理数学的知識の1つである「空間的関係づけ」が発達するにつれて、物理的知識も発達していく例の1つです。図1-1のように、空間的関係づけが未発達の時には、車輪とペダル（物理的知識）しか描かれませんし、それらのつながり（空間的関係づけ）もありません。しかし、空間的関係づけがさらに発達すると、すべての部品がでそろい、それらの位置やつながりも正しく配置されるようになります。この例は、物理的知識の構成が、いかに論理数学的知識の発達に依存しているかを証明するものです。

　2番目の国と町についての例は、社会的知識が論理数学的知識の1つである全体と部分とを関係づける「分類」に依存している例です。図1-4の絵を描いた子どもは、ジュネーブとスイスとの間に部分と全体との関係づけをしていません。子どもは部分と全体との関係づけを発達させるにつれて、ジュネーブはスイスに含まれ、ジュネーブ人はすべてスイス人であるという社会的知識を作り上げていきます。したがって、論理数学的知識は、社会的知識の構成にも重要な役割を担っていることがわかります。

　3番目の例は、年齢についての知識が論理数学的知識の1つである「時間的関係づけ」に依存している例です。レベルⅠの子どもは、時間的な関係づけをしていません。その子の年齢差や生まれた順序についての知識は、時間的関係づけではなく、目に見える背の高さによるものでした。レベルⅡの子どもたちは部分的に時間的な関係づけをするようになり、年齢差または生まれた順序のどちらか一方がわかるようになります。レベルⅢになると、子どもたちは両方

を同時に関係づけ、自分が相手よりも年上であれば自分の方が先に生まれたに違いないし、自分が相手よりも5歳年上であれば2人の年齢差はいつまでたっても5歳であるという知識を作り上げます。

このように、人間は内部に作り上げた論理数学的知識（関係づけ）を通して、あらゆる知識を構成しているのです。ですから、論理数学的知識の発達が低いレベルにある時には、たとえ自転車のペダルが車輪につながっているのを"見た"としても"知る"ことはできません。これが、ピアジェが"人間はものを目で見るのではない！"と言った理由です。

3. ピアジェの構成論と行動主義との関係

ピアジェの構成論は、子どもがどのように学ぶのかについて、伝統的な教育者の理論とは非常に異なっています。伝統的な理論によれば、子どもは外部にある知識を内部に取り込む、すなわち"内面化する"ことによって学ぶのだといいます。そして、その内面化を促進するために、ごほうびや罰を用いて子どもの"正しい"答えを強化します。こういった考えから生まれた科学的な理論が「行動主義」です。行動主義が科学的な理論であると言われる理由は、次のような心理学者の実験によります。彼らはある行動をさせるために動物に賞を与えると、その行動が強化されることを見出しました。こういった行動主義の理論に基づいて、多くの教育者たちは子どもたちの正しい答えを促進するために賞罰を用いています。

ピアジェの構成論も、世界中で認められている科学的な理論です。ピアジェは生物学の博士号を持つ科学者として、60年以上にわたって子どもが知識をどのように獲得するのかについて研究しました。ピアジェの研究も世界中の心理学者によって追試されましたが、どの国でも、子どもが内部から知識を構成することが証明されています。

それでは、両方が科学的な理論であるとすれば、両者の違いはどこにあるのでしょう？その問いに対する答えは、図1-5に示されています。この図からわかるように、ピアジェの構成論は行動主義が説明するすべてを説明できます

が、行動主義は子どもが知識を内部から構成することを説明できません。ピアジェも動物（時には人間ですら）が賞や罰に適応することを認めています。しかし、人間の知識はもっと深く、広く、複雑なものです（Piaget, J., 1967/1971）。

いいかえれば、前にも述べたように、行動主義では子どもが"まちがい"を通して内部から知識を構成していくことを説明できないのです。

ピアジェの理論は、教育を根本的に変えることのできる革新的な理論です。本書は幼児教育における物と関わる遊びを扱ったものですが、小学校でもいろいろな分野で、子どもたちが内部から知識を構成することを励ます教育が実践されるよう願ってやみません。

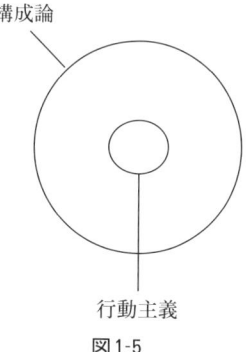

図1-5

第2章

遊びと発達

コンスタンス・カミイ（アラバマ大学バーミンガム校名誉教授）
長廣真理子（ひかりこども園）訳

1. 幼児教育における遊び

　日本でもアメリカでも、保育者はいつも遊びの大切さを主張してきました。彼らは子どもたちがごっこ遊びや積木遊びや鬼遊び、また、シーソー、スベリ台、ブランコなどの戸外での遊びが大好きだということをよく知っています。遊びの大切さについて、「アメリカ子ども教育学会」（NAEYC, 1996）は、次のように述べています。「遊びは子どもたちの社会的、情緒的、知的発達にとって重要な役割をになうものであり、彼らの発達を反映するものでもある。子どもたちが能動的に知識を構成すること、発達と学習は両者の相互作用の結果であるということを理解すれば、子どもの遊びがこれらの発達を大いにサポートするものであることがわかる。」

　また、日本の幼児教育の指針である『幼稚園教育要領』（1989）も、「幼児の遊びは調和のとれた心身の発達の基礎を培う重要な学習であることを考慮して、遊びを通して幼児教育のねらいが達成されるようにしなければならない」と述べています。

　しかしながら、改めて「遊びによって子どもに何が育つのか？」と聞かれると、多くの保育者の答えはいつもあいまいなままです。また、これまでに多くの遊びの研究がなされてきましたが、ピアジェの構成論のような科学的理論に基づいた研究はほとんどありませんでした。

　表2-1は、ピアジェ理論に基づいて、子どもの遊びによって何が育つのかを知的側面から分析したものです。この表の上欄にあるのは、3種類の知識である物理的知識、社会的知識、論理数学的知識です。そして、論理数学的知識

表 2-1

知識の種類 遊びの種類（例）	物理的知識	社会的知識	論理数学的知識				
			分類	順序づけ（系列化）	数量的関係づけ	空間的関係づけ	時間的関係づけ
ごっこ遊び	○	○	○		○	○	○
積木遊び	○	○	○	○		○	
鬼遊び		○	○	○			○
シーソー、スベリ台ブランコ遊び	○		○	○		○	

※○印はその遊びに含まれる主な知識（関係づけ）を示す。

はさらに分類、順序づけ（系列化）、数量的関係づけ、空間的関係づけ、時間的関係づけの5つの側面に分けられます（Piaget, J., 1959/1964, 1941/1952, 1948/1960, 1946/1969）。また、左欄にあるのは、ごっこ遊び、積木遊び、鬼遊び、シーソー、スベリ台、ブランコ遊びなど、保育所や幼稚園でよく見られる遊びの一部です。また、表中の○印は、その遊びによって育つ主なものを示しています。そこで、この表に基づいて、遊びを通して子どもたちに何が育つのか、いくつかの例をあげながら分析してみることにしましょう。

2. 遊びの教育的価値

（1） ごっこ遊び

　ごっこ遊びの中で、子どもたちは実生活で経験したことを表象します。"表象する"というのは今そこに無いものを身ぶりや手ぶりで表すことです。実生活には子どもたちがさせてもらえないことがたくさんあります。例えば、子どもだけで買い物に行くことはできませんし、お金を払わなければお店の品物はもらえません。家の中でも、赤ちゃんにミルクをあげたり、風呂に入れることはさせてもらえません。しかし、ごっこ遊びの中では、子どもたちは自由にこ

れらの活動をすることができます。そして、これらの活動を通していろいろな知識を身につけることができます。

　表2-1のごっこ遊びの欄にいくつかの○がついているように、子どもたちはお店屋さんごっこを通して、例えば、お店の品物にはお金を払わなければいけない（買う）という社会的知識を構成します。物理的知識に○がついているのは、子どもたちはままごとで卵料理を作るふりをしたり、熱いお茶を飲むふりをしながら、事物の物理的特性について考えるからです。ごっこ遊びには、時間的関係づけも含まれます。例えば、誕生パーティーに友だちを招く時には、招待をするのが先か、招待への返事をするのが先かを考えます。ある日、2人の子どもが電話をかけるふりをしていた時のことです。一方の子が受話器をとって、すぐに「ハイ行きます」と言いました。すると、相手の子は「私がお招きしてから、その後でハイ行きますと言わなくちゃ！」と言いました。ピクニックごっこでは、子どもたちは空間的関係づけもします。例えば、どこに（場所）ピクニックに行くかを決めるのがそれです。また、ピクニックごっこには、分類も含まれます。例えば、どんな物を持っていくかについて考えるのがそれです。ある子は食べ物だけでなく、ほうき、ちりとり、モップまでも車に積み込んでしまいました！このように、子どもたちはまちがった関係づけも表象します。しかし、子どもたちはごっこ遊びですることと実生活ですることとを関係づけることによって、しだいにより正しい知識を作り上げるようになります。"考える"というのは、事物や出来事を関係づけるということです。考えることを通して、子どもたちはピクニックに必要なものと必要でないものを分類し、しだいにモップやほうきのような余計な物は持って行かなくなります。

　これまで私は便宜的に3種類の知識を別個なもののように説明してきましたが、実際にはすべての知識は相互に関わり合いながら発達します。例えば、ままごと遊びで料理を作る時には、社会的知識（例えば家族の役割や名称）も物理的知識（例えばフライパンで卵を熱すると固まる）も発達します。また、最初に卵をかき混ぜてからフライパンにのせるという時間的関係づけも発達します。家族4人の食事の準備をする時には、数量的関係づけも発達します。例えば、4つのお茶碗と4枚の皿と4組のハシを用意するのがそれです。家族が病

気になると、病気の人と元気な人という分類だけでなく、病気になると熱が出たり咳が出るという物理的知識や、病気の時は保育所を休むという社会的知識も発達します。

年長になるにつれて、子どもたちのごっこ遊びは込み入ったものになっていきます。例えば、誰かがおなかが痛いふりをすると、彼らは子どもをベッドに寝かせるだけでなく、熱を測ったり、お医者さんに連れて行ったり、保育所にお休みの連絡をしたりします。これらの"ふり"や"つもり"には、子どもたちの社会的知識や物理的知識だけでなく論理数学的知識も反映されており、ごっこ遊びを通して、子どもたちはこれらの知識をより豊かなものにしていきます。

（2） 積木遊び

積木遊びは、主に物と関わる遊びの1つであると言えます（3章と5章参照）。子どもたちは自分が望む結果を作り出そうとして積木に働きかけます。また、子どもたちが積木でガソリンスタンドや病院や道路を作る時、そこには社会的知識も含まれます。

写真2-1は、3歳児が20個のいろいろな積木を使って高いタワーを作ろうとした時の写真です。この写真でわかるように、この子は物理的知識だけでなく分類、系列化、空間的関係づけ、時間的関係づけといったたくさんの論理数学的知識も構成しました。崩れないように積木の置く位置やバランスを考える時には、空間的関係づけと物理的知識が含まれます。分類は"似ている"物をひとまとめにして、そうでない物と区別することですが、この3歳児は三角の積木と長四角の積木を分類しながら注意深く積み上げました。そ

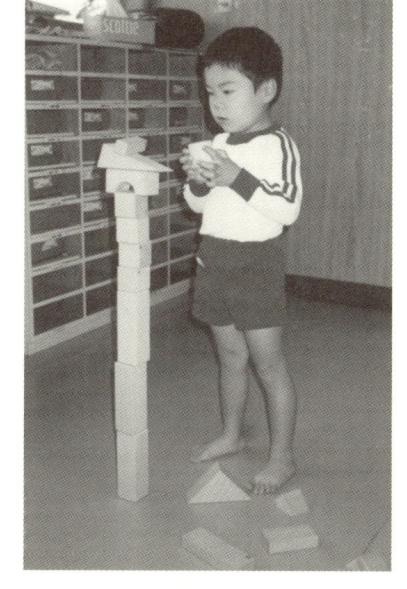

写真2-1

して、三角の積木を1番最後に（時間的関係づけ）、てっぺんに（空間的関係づけ）置きました。系列化は"違い"によって事物を順序づけることですが、写真2-1の子は大きくて安定のよい積木をタワーの1番下に置き、だんだん小さくて不安定な積木を上に置きました。このような高いタワーを作れるようになるのは、手の器用さよりも、たくさんの論理数学的関係づけができるようになるからです。このように、積木遊びでは、物理的知識だけでなく、空間的関係づけ、時間的関係づけ、分類、系列化などのたくさんの論理数学的知識も作られます。

（3）鬼遊び

これまでは積木遊びやままごとのような「事物を使った活動」について述べてきましたが、鬼遊びでは事物はほとんど使いません。鬼遊びでは、ルールに基づく子ども同士の関係が主となります。鬼遊びでは鬼は逃げている子を捕まえますが、鬼遊びにもいろいろな種類があります（社会的知識）。捕まった子が次の鬼になる交代鬼、鬼に捕まった子はゲームからはずれて最後まで見ている1人鬼、捕まった子はみんな鬼になるふやし鬼、助けられた子はまた逃げることができる助け鬼などがそれです。

集団ゲームには「役割並行的ゲーム」と「役割相補的ゲーム」の2種類があります（カミイ著『集団あそび』北大路書房）。役割並行的ゲームの代表的な例は、みんなが音楽に合わせてイスの周りを走り、合図とともに座る「イス取りゲーム」です。ですから、役割並行的ゲームでは、みんながイスのまわりを走って座るという同じ役割を持って同じ行動をします。一方、役割相補的ゲームの代表的な例は「鬼遊び」です。鬼遊びでは、鬼は子を捕まえるために追いかけ、子は鬼に捕まらないように逃げます。役割相補的ゲームでは、お互いが違う役割を持って違う行動をします。2～3歳児には役割相補的なゲームの方が難しいゲームです。なぜなら、2～3歳児は自己中心的であり、まだ自分の観点でしかものごとを考えることができないからです。

2～3歳児が鬼遊びをすると、みんなが同じ方向に走り回ることがよくあります。鬼は子を捕まえようとしないし、子も鬼に捕まらないように逃げようとしません。4歳児になると、子どもたちは捕まえるために追いかけたり、捕ま

らないために逃げるようになります。このような鬼と子の競争的で対立的な関係づけは、最初は1対1でなされます。例えば、鬼はある1人の子を捕まえようと決めると、ずっとその子だけを追いかけます。他に捕まえやすい子がいても、その子を捕まえようとはしないのです。しかし、5歳児になると、ある子だけを追いかけるのではなく、チャンスがあれば不意打ちをかけて他の子を捕まえようとしますし、子の方もじっと突っ立ったままでいる子はいません。

　ピアジェは"見る"ということについて重要な指摘をしました。人間は目だけではなく、頭で見るのだというのです。4歳児では、鬼はたとえ捕まえやすい子がいても、追いかけている子しか見ることができません。4歳児が他の子を見ることができないのは、一度に1つの関係づけしかできないからです。対照的に、5歳児が鬼になると、たくさんの子を見ることができるようになります。なぜなら、5歳児は4歳児よりも多くの関係づけをすることができるようになるからです。5歳児の鬼はある子を追いかけている時でも、他に捕まえやすい子が周囲にいないかどうかを考えながら追いかけているのです。

　このことから、鬼遊びには「分類」が関係していることがよくわかります。また、"鬼"と"鬼でない子"を分類した上で、さらにそれを空間的な関係づけと結びつけると、鬼でない子を"捕まえやすい子"と"捕まえにくい子"に分類すると同時に、"不意に向きを変えて"別の子を捕まえることもできるようになります。そこには順序づけや時間的な関係づけも含まれています。

　ところで、子どもたちの"考える力"を育てる方法の1つは、子どもたちに"自分で決める"ようにさせることです。鬼遊びのような多くの集団ゲームには、子どもたちが自分で決めなければならないことが次々とでてきます。5歳児の"鬼"が4歳児よりもよく考えるのは、誰を捕まえたらよいか、次々と場面に応じて決められるからです。一方、よく考えている"子"は、鬼の動きと関係づけて、どこに逃げたらよいかを次々と決められるからです。

（4）シーソー、スベリ台、ブランコなどの遊具を使った遊び

　子どもたちはシーソーやスベリ台やブランコなど、遊具で遊ぶことが大好きです。その理由は、子どもはもともと身体を動かして遊びたいという欲求を持っているからです。しかし、これらの遊具を使った遊びを通して、いったい

子どもたちにどんな知識が育っているのでしょう？

その答えは、これらの遊具を使った遊びは「物と関わる遊び」の一種だということにあります。物と関わる遊びでは、子どもたちは事物に働きかけ、それらの事物がどのように反応するかを観察することを通して、たくさんの知識を作り上げます。例えば、シーソーで遊んでいる時、子どもたちは重いものは下がるし、軽いものは上がるという物理的知識を学びます。と同時に、一方が下がるともう一方は上がるという論理的関係も学びます。また、シーソーが上がったままで下がらない時には、座っている位置を後ろにすればよいという空間的関係も学びます。スベリ台では、傾斜が急であればあるほど速く滑ることを知ります。ブランコでは、強くこげばこぐほど前後のゆれも大きくなるということを知ります。これらの2つは子どもたちが系列化を学んでいる例です。

3. 子どもたちは何をどのように学んでいるのか

一般に保育者は理科、算数、社会といった「教科」の枠組みを通して、遊びの価値を説明してきました。そして、ごっこ遊びでは社会を学び、お絵かきでは図画を学び、鬼遊びでは体育を学んでいると言います。しかし、幼児の思考はまだ未分化であり、理科や算数や社会といった教科のようには分化していません。ごっこ遊びの例をあげてみましょう。バースデーケーキのローソクの火を消すふりをするのは理科的活動で、6人の子どものために6枚の皿を用意するのは算数的活動です。したがって、ごっこ遊びをしている時、幼児は社会だけではなく、同時に理科も算数もしているわけです。

そういった点から見ると、表2-1のピアジェの枠組みは、教科の枠組みよりも幼児の思考の実態によりよくマッチしたものであることがわかります。また、知識の本質は理科や算数や社会などの教科的知識を寄せ集めたものではありません。知識は論理数学的な関係づけを通して内部から構成され、子どもの成長と共によりよく組織化されていくものです。

子どもたちはごっこ遊びを続けているうちに、知識をより組織化したものにしていきます。積木遊びでも、子どもたちは大人から教えられなくてもより精

巧なものを作り上げます。鬼遊びでも、子どもたちは鬼と子の関係づけを単純なものからより複雑で競争的なものへと進歩させます。

　では、単に遊んでいれば、子どもは自然に発達するのでしょうか？この問いに対する答えは、ピアジェが明らかにした論理数学的知識の特徴の中にあります。論理数学的知識は、子どもが以前に作り出した関係づけをさらに関係づけることによって発達します。例えば、3歳児の鬼遊びで、鬼がほかの子とグルグル併走しているのも関係づけですが、鬼遊びをし続けているうちに、子どもたちは鬼の視点と子の視点を対立的に関係づけ、鬼から離れて逃げるようになります。また、積木遊びでも、子どもたちはいろいろな関係づけを作り出すたびに、どんどん高いタワーを作っていきます（Kamii C., et. al., 2004）。子どもたちは遊びを続けているうちに、今までのやり方だけでは物足らなくなり、もっと精巧で複雑な論理数学的関係づけをするようになります。というのは、遊びの中では、子どもたちは興味のあることを自由にやることができるので、より興味のある考えや探究心が子どもの内部から生じてくるからです。赤ちゃんや幼児は本来"考える"ことが大好きですが、それは考えることによって子どもたちの知識がさらに広がりさらに深まっていくからです。そこで、3章では、「物と関わる遊び」がなぜよい遊びなのか、その理由について述べることにしましょう。

第3章

物と関わる遊びとは

コンスタンス・カミイ（アラバマ大学バーミンガム校名誉教授）
宮川洋子（こじかこども園）訳

1. 物と関わる遊びの特徴

「物と関わる遊び」は、物理的な面と知的な面の両方から、子どもが事物に働きかけて、自分の望む結果を作り出そうとする遊びのことです。物と関わる遊びには、主に「物の動きを作り出す遊び」と「物の変化を作り出す遊び」の2つの種類があります。

（1） 物の動きを作り出す遊び

ボーリング遊び（12章）は、物の動きを作り出す遊びの代表的なものです。ボーリングでは、子どもたちはボールを転がしてペットボトルを倒すという動きを作り出します。このように、物の動きを作り出す遊びには、事物に働きかけて"動き"を作り出すという特徴があります。物の動きを作り出す遊びには、次のようなものがあります。

- ビー玉遊び
- 積木遊び（5章）
- 斜面遊び（6章）
- てこの遊び（7章）
- ドミノ倒し（8章）
- ターゲットボール（9章）
- 空き箱自動車作り（10章）
- クーゲルバーン（11章）
- ピックアップスティック

・水遊び（16章）

（2） 物の変化を作り出す遊び

　クッキングは物の変化を作り出す遊びの代表的なものです（13章）。例えば、もし子どもが玉子を割ってフライパンで熱したら、玉子は目玉焼きになって変化します。このように、物の変化を作り出す遊びには、事物に働きかけて"変化"を作り出すという特徴があります。物の変化を作り出す遊びには、次のようなものがあります。

・色水遊び（14章）

・洗濯遊び

・ろうそく作り

・氷作り

・しゃぼん玉遊び（15章）

　物と関わる遊びには、すべて事物に働きかける行為と事物からの反応（動きまたは変化）がともないます。「物の動きを作り出す遊び」では、子どもの働きかけが主要な役割を果たし、対象となる事物は副次的な役割を果たします。というのは、子どもが働きかけを変えると、それに応じて事物の反応（動き）も同じように変わるからです。例えば、積木を積む時、積木を"端に置くと落ちる"が"真ん中に置くと落ちない"というように、置くという行為が変われば落ちる、落ちないという事物の動きもそれに応じて変わります。

　一方、「物の変化を作り出す遊び」では、対象となる事物の性質が主要な役割を果たし、子どもの働きかけは副次的な役割を果たします。というのは、同じ働きかけをしても、物の性質によって反応（変化）が異なるからです。例えば、水の中に砂糖を入れて混ぜるのも、砂を入れて混ぜるのも行為としては同じですが、砂糖は溶け、砂は溶けません。溶けるか溶けないかは、混ぜるという行為よりも、砂糖や砂の持つ性質によって引き起こされるからです。これが「物の動きを作り出す遊び」と「物の変化を作り出す遊び」の違いです。なお、この他に2つの特徴が混ざり合った遊びがいくつかありますので、以下にあげておきましょう。

・虫めがねを使った遊び

- 磁石遊び
- 影遊び
- 鏡を使った遊び
- 音を作り出す遊び

2. 物と関わる遊びの重要性

　幼児教育でとりわけ物と関わる遊びが大切なのは、2つの理由からです。第1の理由は、赤ちゃんや幼児は事物に強い興味をもっていることです。たまたま手から離した物が床に落ちることを発見すると、赤ちゃんは何度も何度もイスの上から物を落として、母親を困らせます。また、道ばたで見つけた落ち葉や包み紙を調べるために、子どもが何度も何度も立ち止まるのもよくあることです。

　第2の理由は、物と関わる遊びは子どもたちの考える力を育てることに役立つからです。特に、物の動きを作り出す遊びがよいのは、子どもがある結果を作り出すことに成功したかどうかをすぐに知ることができるからです。例えば、ボーリングをしている時、ペットボトルが倒れたかどうかはすぐにわかります。そして、もしペットボトルがうまく倒れなかったら、子どもはすぐにどのようにボールの転がし方を変えたらよいかについて考えます。

　物と関わる遊びをしている時、子どもたちは事物に対して物理的な面からも知的な面からも働きかけます。"物理的な面からも知的な面からも"という言葉には、とても大切な意味があります。伝統的な幼児教育では、具体的な事物と感覚を通した観察が重視されます。もちろん、物と関わる遊びには具体的な事物と観察が不可欠です。しかし、観察はあっても、子ども自身による"事物への働きかけ"がなかったら、知識を作り出すことはできません。例えば、観察しているだけでは、ボールがどのような物かを知ることはできません。ボールがどのように反応するかを観察するためには、ボールを落としたり、転がしたり、投げたりするなどのボールに対する働きかけをしなければならないのです。同様に、観察するだけでは、砂について知ることはできません。砂につい

て知るためには、子どもたちは指の間から砂を落としたり、砂に水を加えたり、川やトンネルを作ったりするといった砂に対するさまざまな働きかけをしなければならないのです。

　このように、子ども自身が物理的に事物に働きかけることが重要であるのと同様に、知的な働きかけも重要です。知的に働きかけるというのは、子どもがどのように事物に働きかけるかについて"考える"ことを意味しています。どうすればもっとうまくいくかについて考える時、子どもは今までよりもさらによく考えるようになります。私たちが幼児教育で物と関わる遊びを重視するのは、これらの2つの働きかけを通して、子どもたちの考える力（論理数学的知識）がどんどん発達するからです。

3. 物と関わる遊びのよい基準

　"考える"ということが重要であるとすれば、物と関わる遊びのよい基準は、その活動にどれくらい考える要素があるかということになります。そこで以下に、4つのよい基準をあげることにしましょう。

（1）　子どもが自分の働きかけによって事物の動きや変化を作り出せる。
　例えば、ボーリングでボールを転がす時、子どもは自分の働きかけによってペットボトルが倒れるという動きを作り出すことができます。しかし、既製品の電池自動車で遊んでいる時には、自分の働きかけ（スイッチを入れる）が事物の動き（自動車が走る）を作り出しているのではありません。というのは、自動車が動くのは子どもの働きかけではなく、電池によるものだからです。物と関わる遊びのよい基準は、子どもが自分の働きかけによって（原因）物の動きや変化（結果）を作り出せるものでなければなりません。

（2）　子どもが自分の働きかけをいろいろに変えることができる。
　やったことがうまくいかない時、自分の働きかけを変えることができれば、子どもはさらに考えることを促されます。例えば、ボーリングで、もしボール

が左に行きすぎてボトルに当たらなかったら、子どもはどうしたらうまく当たるかを考えて、ボールの転がし方を自分で変えることができます。しかし、既製品の電池の自動車では、スイッチの入れ方はワンパターンであり、いろいろに変えることはできません。働きかけをいろいろに変えられるということがなければ、どうやったらうまくいくかについて"考える"可能性もなくなってしまうのです。

(3) 事物の反応が目に見える。

　物と関わる遊びがよいのは、子どもが事物の反応を目で見ることができるからです。したがって、私たちは子どもの目に見える材料や用具を準備しなければなりません。例えば、水遊びで、子どもの働きかけとホースの中の水の動きとを関係づけることができるようにするために、水の動きが目に見える透明なホースを準備するのがそれです。同様に、ピックアップスティックをする時、スティックの数は15本ぐらいにするのがよいでしょう。というのは、15本以上になるとスティックの数が多すぎて、どのスティックが動いたかどうかが見分けにくくなるからです。

(4) 働きかけに対する事物の反応がすぐに現れる。

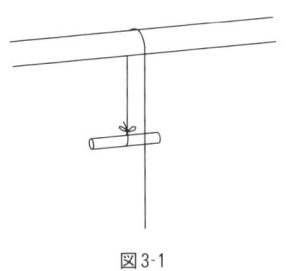

図3-1

　事物の反応がすぐに現れると、働きかけ（原因）と事物の反応（結果）との関係が作りやすくなります。図3-1の例で言えば、もし子どもがロープの端を引っぱったら、一方の物がすぐに上がるのがわかります。また、ロープを離したら物がすぐに落ちるのもわかります。色水遊びの場合でも、色を混ぜた時の変化はすぐに現れます。もしずいぶん時間がかかって反応がすぐに現れなかったら、子どもは因果関係を作り出すことはできません。

4. 物と関わる遊びと伝統的な理科教育との違い

　物と関わる遊びは、伝統的な理科と似ているように見えます。しかし、両者の間にはかなりの違いがあります。理科教育の目標は、子どもが物理的現象を観察し、その原因を説明できるようになることです。例えば、植物の成長のようすを観察させ、植物の成長には水分が必要であるという知識を獲得させることです。そのために、よく先生は子どもたちに水の入っている容器と水の入っていない容器にそれぞれ種を入れるよう指示し、それらがどのように成長するかを子どもたちに観察させます。教室でよく見られるもう1つの例は、磁石を使った活動です。子どもたちはそこで鉄分を含む物だけが磁石にくっつくことを学習します。つまり、理科教育では、特定の物理的概念や植物の成長といった物理的現象の学習に焦点があてられているのです。

　一方、構成論における物と関わる遊びの目標は、子どもたちの考える力を発達させることにあります。もし幼児期から子どもたちの考える力を育てることができれば、小学校でも理科がよくできるようになるはずです。種の成長は子どもの興味をひく活動ですが、先生の指示に従うだけのやり方では子どもたちの考える力は育ちません。

　物と関わる遊びで1番大切なことは、子どもが自分の望む結果を作り出すために、どのように事物に働きかければよいかを自分で考えられるようになることです。そして、物と関わる遊びがすぐれているのは、望むような結果を作り出すことができたかどうかが、子ども自身にすぐにわかるからです。もしうまくいかなかったら、子どもは一生懸命に考えて、今度は違った働きかけをしてみようとします。子どもが"自分で考える"という教育を重視することは、同時に保育者が子どもの興味をふまえて活動のねらいを決めなければならないことを意味しています。本書の実践編で取り上げる遊びはどれも子どもたちの興味をひくものですが、もし子どもに興味がないように見えた時には、保育者はなぜ子どもが興味を持てないのかを考え、どのようにその活動を改良したらよいかを工夫しなければなりません。そこで次の章では、物と関わる遊びの指導上の原則について述べることにしましょう。

第4章

物と関わる遊びの指導上の原則

コンスタンス・カミイ(アラバマ大学バーミンガム校)
山口和代(ちとせ交友会)訳

物と関わる遊びをする時、よく先生たちから次のような質問を受けます。
1. 遊びをどのように計画すればよいのですか?
2. 遊びをどのように子どもたちに導入すればよいのですか?
3. 子どもたちが遊んでいる時には、どのような言葉かけや手だてをすればよいのですか?
4. 遊びが終わった後は、どうするのですか?

1. 遊びをどのように計画するか

物と関わる遊びを計画する時には、次のような2つの遊び方のタイプがあることを知っておくことが役立ちます。

(1) タイプⅠ:事物に働きかけ、事物がどのように反応するかを見つけ出す。
赤ちゃんはよく物を口に入れたり、ひっくり返したり、ゆすったり、握ったりします。そして、それらの働きかけに対する事物の反応を通して、たくさんの物理的知識を身につけます。また、そうしているうちに、赤ちゃんの事物に対する働きかけは、より洗練されたものになっていきます。このような遊び方が、物と関わる遊びの最初の遊び方です。タイプⅠの遊び方では、保育者は子どもたちにいろいろな事物を与え、「これらを使ってどんなことができるかしら」といった言葉かけをして、子どもたちの自発的で自由な活動を励まします。

（2） タイプⅡ：自分の望む結果を作り出すために事物に働きかける。

　タイプⅠの遊び方には、まだある結果を作り出そうとする意図は見られませんが、12か月頃になると、赤ちゃんでも意図を持って事物に働きかけるようになります。例えば、音を出すためにスプーンでテーブルをたたいたり、手の届かないところにある物を引き寄せるために棒を使ったりするのがそれです。意図を持ち始めてもタイプⅠの遊び方がなくなるわけではなく、それに意図が加わった活動になるのです。このようなタイプⅡの遊び方は、「～することができますか？」といった保育者の言葉かけで始まります。

　ですから、例えば「ドミノ倒し」では、保育者は「ここにあるドミノを全部倒すことができますか？」というタイプⅡの遊び方を提案する前に、タイプⅠの「これらのドミノを使ってどんな遊びができるかしら？」と言ってドミノを提供します。保育者が計画したタイプⅡの遊び方を導入する前に、子どもたちが自分のやりたい遊び方をする時間を与えることが大切なのです。そして、子どもたちがいろいろなやり方を試し、自分のやり方に飽きてきた頃を見はからって、タイプⅡの遊び方を導入するのがよいでしょう。

　しかし、実際には、子どもはこれらの2つの遊び方の間を行ったり来たりします。タイプⅡの遊びをしている時、子どもによってはタイプⅠの遊び方に戻ることがあります。例えば、「空き箱自動車作り」で動く車を作るというタイプⅡの活動をしている時でも、子どもによってはゴムタイヤに興味を感じてタイヤをこすりあわせたり、押したり、立てたり、転がしたりするのがそれです。その時には、タイプⅡの遊びを続けさせるよりも、その子の興味のある活動をさせることが大切です。というのは、子どもはその遊び方に満足したら、タイプⅡの活動にもどるにちがいないからです。

　また、タイプⅡの遊び方は自然に子ども同士の相互作用を引き起こし、協同的で組織的な遊びへと発展していくことがあります。ボーリングゲームは、そのようなタイプⅡの遊び方が発展した例の1つです。そのような遊びの特徴の1つは、交代にボールを転がすとか、線の後ろからボールを転がすといったルールをともないます。もう1つの例は、色水遊びからジュースやさんごっこに発展していく例です。ジュースやさんごっこでは、ウエイトレスやお客さんといった役割がでてきます。詳しくは、12章と14章の実践編

を見て下さい。

　子どもたちが物と関わる遊びをたくさん経験すると、5〜6歳児なら「今日はボーリングをして遊びましょう」といった保育者の言葉かけだけで、すぐに集団的な遊びができるようになります。しかし、年少児の場合はそのような協同的な活動をするのは難しいので、時間をかけて並行的な遊び方をするのがよいでしょう。一般に、4歳児は自己中心的なので、他の友だちがやっていることと自分がやっていることを比べることができません。自分のやり方と友だちのやり方を比べることができない時には、勝ち負けに興味を持つこともありません。もし勝ち負けに興味がなければ、例えば、ボールを転がす時には線から出てはいけないといったルールも意味をなさないわけです。

　集団ゲームにおけるルールをどのように扱うかは、とても難しい問題です。私たち保育者は、既成のルールを子どもたちに押しつけないようにしなければなりません。しかし、実際には、例えばボーリングゲームで、線の後ろからボールを転がすという既成のルールを子どもに押しつけて"正しいやり方"を教えようとする保育者がたくさんいます。3〜4歳児にとっては、ピンの近くからボールを転がすことは、それなりに"賢いやり方"なのです。ですから、保育者が子どもに線の後ろから投げさせることは、子どもたちにとって意味のないやり方を強制することになります。

　どんな遊びであろうと、保育者の計画しだいで子どもたちの活動に大きな違いがでます。ですから、あらかじめ指導案を作っておくと、実際の保育場面における必要な言葉かけや手だてについて、具体的に考えることができます。また、子どもたちに遊びを導入する前に、保育者が用意した事物を実際に使って遊んでみることも大切です。というのは、実際にやってみないと事物が計画したように反応するかどうかがわからないからです。

2. 遊びをどのように導入するか

（1） 2つの導入の方法
物と関わる遊びの導入の仕方には、2つの方法があります。
1）子どもたちに事物を見せて、「これらの物を使ってどんなことができますか？」と言って遊びを始める。
2）保育者がある目標を提案して、「～することができますか？」と言って遊びを始める。

先にも述べたように、初めて遊ぶときには、1番目の方法で遊びを導入するのがよいでしょう。しかし、ホットケーキを作るクッキングのような活動は、2番目の方法から始めます。というのは、もし子どもたちにホットプレートを使ってやりたいことをさせたら大変なことになるからです。2番目の方法で始めるその他の遊びの例は、10章で紹介する空き箱を使って動く自動車を作る活動などです。

（2） 導入時における指導上の原則
遊びを導入する時には、以下のような2つの原則に留意して遊びを始めることが大切です。両方に共通しているのは、自分で"考える"ように子どもたちを励ますことです。

1）原則1：子どもたちの自発性を最大限にするやり方で遊びを導入する。

子どもたちに自分で考えるよう励ます方法の1つは、子どもたちの自発性を最大限に発揮させることです。そうすれば、子どもたちは自分自身のやり方でよく考えます。保育者があれこれ指示せずに、子どもたちの前に置いた事物を自由に探索させながら、「これらの物を使ってどんなことができるかしら？」と呼びかけるやり方がよいのはそのためです。

2）原則2：並行的な遊び方から始める。

子どもたちの考えを励ますためには子ども間の相互作用が大切ですが、遊び初めは並行的な遊び方、すなわち、子どもたち一人ひとりに自分の使える素材

や用具を与えて、自由に遊ばせるやり方のほうがよいでしょう。初めから協同的な遊び方をさせて、子どもたちに順番で使わせたり、一緒に使うように言ったりすると、子どもたちの興味や自発性は妨げられてしまいます。したがって、保育者はクラスの半分ぐらいの子どもたちが遊べる素材や用具を用意して（クラスの規模にもよりますが）、最初は「並行的な遊び方」から入ります。しかし、もし人数分の用具がなければ、残りの子どもたちには他の子が遊んでいるのを見てもらったり、他の遊びをしながら待ってもらうのがよいでしょう。（順番表を作って、いつ順番がくるかがわかるようにしておけば、子どもたちは安心して待つことができます。）

しかし、並行的な遊び方から入るということは、子ども同士の相互作用を促さないということではありません。遊び初めの時には、子どもたちが自分の遊び方に集中できるようにして、ことさら子ども同士の相互作用を強調しないだけのことです。実際に、子ども同士の相互作用は並行的な遊びの時にもしばしば起こります。したがって、並行的な遊び方から始めるという原則は、初めから相互作用を強調しないやり方で遊びを導入するといったほうが正しいかもしれません。

3. 遊んでいる時にどのような言葉かけや手だてをするか

遊びが始まったら、保育者はすべきこととすべきでないこととを見分けることが大切です。適切な言葉かけができるかできないかで、子どもたちの思考の発達に大きな違いが生じます。遊んでいる時の指導上の原則には6つあります。最初の2つが特に重要で、それらは伝統的な指導の原則とは大きく違うものです。

1） 原則1：子どもたちにやり方を教えない。

物と関わる遊びの目標は、子どもたちが自分で考えて、より高いレベルの知的関係づけを作れるようにすることです。もし保育者が子どもたちにやり方を教えてしまえば、子どもたちは自分で考える機会を失ってしまいます。1章でも述べたように、子どもたちが論理数学的知識を構成するのは、大人に教えら

れることを通してではありません。たとえうまくできたとしても、それが大人の言われた通りにやったことでは何の価値もないのです。

2） 原則2：子どもたちに対して正しいとかまちがっているとか言わない。

伝統的な教育では、子どもたちに正しい行動をさせ、まちがった行動を直させることが大切な指導上の原則です。しかし、物と関わる遊びでは、子どもたちは大人に教えてもらわなくても、自分がやったことがうまくいったかどうかを自分自身で知ることができます。例えば、ボーリングでピンがうまく倒れたかどうかは自分でわかります。保育者にうまくいったかどうかを教えてもらう必要はないのです。また、子どもたちがピンを倒すのは自分がそうしたいからであって、保育者のためにそうするのではありません。保育者を喜ばせることよりも、子どもたちが一生懸命に考え、子ども自身が満足できることが大切です。

しかし、"正しい行動を強制しない"という原則は、保育者は何も言ってはいけないということではありません。例えば、子どもが成功した時、保育者がその喜びを素直に表すことは（共感）、ほめ言葉で正しい行動を強めるやり方とは違うものです。

3） 原則3：子どもがどのように考えているかを理解し、子どもにわかる言葉で控えめに対応する。

知識は頭の中で作られるので、保育者は今子どもが何をどのように考えているのかをふまえて、子どもに関わらなければなりません。このことは、子どもが保育者の提案やアイディアを受け入れない時には、保育者はいつでもそれを取り下げることを意味しています。例えば、「吹く遊び」で、保育者がストローを使って空き缶を吹いて動かす遊びを提案した時、子どもがそれよりも空き缶に息を吹きかけて跡形を作る方がおもしろいということであれば、保育者は自分のアイディアを押しつけるよりも、子どものアイディアに従うほうがよいのです。一方、子どものアイディアが出つくした時に、保育者が子どもの興味を持てそうな提案をするのはよいことです。

子どもの考えを理解することは、指導上の原則の中で最も難しいものの1つ

です。いつも正確に子どもの考えを知ることはできませんが、子どもを注意深く観察することによって、それを推測できるようになります。例えば、もし横にねかせた空缶をストローで吹いて動かそうとする時、ある子が強く吹くことだけに夢中な時には、その子は吹く力だけが動く原因であると考えていることがわかります。このような推測に基づけば、保育者は次のような言葉かけをすることができます。「今度は息を空缶の上の方に吹きつけてみたらどうなるかしら？」保育者がどのような時にどのような言葉かけをしたらよいか、あるいはしない方がよいかを決めることはとても難しいことです。そのためには、子どもがどれくらいのフラストレーションに耐えられるかを含めて、注意深い観察と子どもの考えを正しく理解することが必要なのです。

　上記のような介入には、動機や興味といった情意的な面も関係してきます。子どもたちは自分のやり方がうまくいかない時でも、長い時間遊び続けることがあります。その例が、8章のドミノ倒しにあります。その子はU字の形にドミノを並べて倒そうとしましたが、うまく並べることができません。しかし、その子はあきらめずに何度も何度も並べ方を変えました。そのような場合、保育者は時間が許す限り、その子の遊び方を続けさせてあげるべきです。一方、うまくいかないからあきらめて他の遊びをしたいという子どももいます。そのような場合には、その子の決めた遊びをさせるほうがよいやり方です。というのは、その子もいずれはドミノ倒しの楽しさを知る時がやってくるに違いないからです。

4）　原則4：なぜ？という原因や理由を尋ねる質問はさける。

　大人はよく遊びの最中に、例えば「なぜドミノはあそこのコーナーで倒れなかったの？」といった質問をすることがあります。"なぜ"という質問は、子どもには難しすぎる質問です。もっとよい質問の仕方は、「あそこのコーナーでもドミノが倒れるようにするにはどうしたらよいかしら？」という質問です。"なぜ"という理由を問う質問は、"どうやったら"という方法を問いかける質問よりもはるかに難しい質問です。前者の質問は、大人でさえ正しく答えられないものです。

　これと似たような言葉かけの仕方は、子どもたちが成功するのを待って、そ

の後で「どうやったらあのコーナーでもドミノがうまく倒れるようになったの？」と聞くやり方です。この種の質問がよいのは、問題の答えが子どもの行為によって説明できるからです。さらに、子どもはどのようにしてうまくやれたかを説明する時、自分が無意識にやったことを自覚できるようになります。

5） **原則5：子どもたちの相互作用を励ます。**

ピアジェの構成論では、子ども同士の相互作用は非常に大切なものです。なぜなら、子ども同士の意見のやりとりは（衝突すらも）、子どもの脱中心化を促し、考えることを動機づけるからです。ピアジェが言ったように（Piaget, J., 1980, p. vii）、意見のやりとりは論理的思考の進歩に不可欠なものです。大人の科学でも、矛盾を乗り越えるための多様な意見の交換なしには、科学の進歩はあり得ないのです。

6） **原則6：言葉ではなく、実際の行為によって援助する。**

ここまでは主に言葉による介入について述べてきましたが、一般に幼児は言葉よりも行為に興味を示すので、保育者は言葉で言うよりも、実際の行為で示す方が効果的なことがよくあります。そこで今度は、そういった手だての例について述べることにしましょう。

①事例1：子どもの遊び（実験）が続けられるよう手助けする。

遊びの最中には、時々保育者の手助けが必要になることがあります。例えば、7章の「てこの遊び」で、年少児の板をたたく力が弱くてお手玉が飛び上がらない時には、保育者がその子と一緒に板をたたいて、子どもがその結果を見れる（お手玉が飛ぶ）ように手助けをして、遊びを続けられるようにするのがそれです。

②事例2：比較できる物を提供する。

子どもたちが遊んでいる時、結果が比較できるように別の物を提供してあげるとよいことがあります。例えば、15章の「しゃぼん玉遊び」で、使う物（ストローやハンガーなど）によってしゃぼん玉のでき方のちがいに気づくよう、いろいろな用具を準備してあげるのがそれです。

③事例3：新しい可能性をやってみせる。

　子どもたちが簡単にできるようになったり、その活動に飽きてきた時には、保育者が新しいアイディアをやってみせることによって、子どもたちの活動をもう一度活性化させることができます。例えば「マトを倒す遊び」で、子どもが簡単にマトを倒せるようになったら、保育者はマトをもっと遠くに置いてあげることができます。保育者からより難しい課題を投げかけられた時、子どもが自分からそれにチャレンジしようとするのはよくあることです。

4.　遊びが終わった後はどうするか

　遊びが終わった後、保育者は一般によくある"まとめ"をする必要はありません。子どもは自分の問題を解決するために考えますが、考えたことをまとめてそれを覚えようとはしないものです。また、まとめの時間に他の子が話すことに興味を示したり、それを役立てようともしないものです。しかしながら、時には遊びが終わった後に、子どもが発見したことや成功したことをみんなで話し合うのはよいことです。そのような例を以下にいくつかあげてみましょう。

（1）　事例1：ドミノ倒しの後で
　ある日、1人の子がY字の道を作るのに長い時間かかっていました。並べて倒すたびに、Yの右側か左側のどちらか一方の道しか倒れません。しかし、その子は何度もドミノの角度と距離を調整して、とうとう成功しました。その時、保育者が「どうやって両方とも倒すことができたか、みんなに教えてあげたら？」と言うと、彼はうれしそうにうなずきました。
　たとえその子の説明がわかりにくく、たどたどしいものであっても、みんなに話すことは、その子にとって自分が作り出した関係づけをより確かなものにする機会になります。また、聞いている子どもたちにとっても、その子のやったことがその後の遊びのよい刺激になります。

（2） 事例2：斜面遊びの後で

　これはある子が作った関係づけについての話し合いの事例です。斜面でボールを転がした時、ある子が「急な斜面ではボールが速く転がる」と言いました。そこで保育者は「おもしろいことに気づいたわね。急な斜面にボールを置いたらどうなったか、みんなに話してくれない？」と言いました。その子は喜んで自分の経験をみんなに話しました。保育者は「みんなも急な斜面ではボールが速く転がると思う？」と尋ね、みんなの話し合いを促しました。たとえみんなの意見が一致しなくても、クラスのみんなで話し合うことによって、子どもたちはその問題についてより深く考えるようになります。そして、次に遊ぶ時、斜面の角度とスピードとの関係をいろいろに試したりするようになります。

（3） 事例3：服の袖がぬれる問題

　話し合いは、例えば水遊びの時に袖をぬらしてしまうといったよく起こる問題を解決するためにも役立ちます。この問題は"予測"ということができないことから生じる発達的な問題でもあります。一般に、年少の子は自分の行為の結果を予測することができません。先にどうなるかを予測させるよい方法は、以前にその問題がどのようにして起ったかについて考えさせることです。ピアジェも述べているように、子どもたちは同じような場面を以前の経験と結びつけることができるようになると、よりよい解決法を考えつくことができるようになります。

　クラスのみんなで話し合うことは、どうして袖がぬれたのか、ぬれないようにするにはどうすればよいのかについて、子どもたちに考えさせるよい機会になります。例えば、保育者はみんなに「今日は2人のお友だちの袖がぬれて困りました。どうして袖がぬれたのだと思う？」と尋ねます。どうして袖がぬれたかがわかったら、次はぬれないためにはどうすればよいかを子どもたちに考えさせることができます。そうすると「水遊びをする時には袖をまくる」というアイディアを出す子もいるし、「先生にちゃんと折りまげてちょうだいって頼んだらいい」というアイディアを出す子もいます。このような話し合いを経験した子どもたちは、袖をぬらすたびに大人から小言を言われる子どもたちよ

りも、その後の問題にうまく対処できるようになります。しかし、時には、保育者が「水遊びの前には服の袖をどうすることにするって決めたかしら？」と投げかけることが必要なこともあります。

（4） 事例4：トラブル

　物と関わる遊びでは、物をめぐる子ども同士のトラブルがよく起きます。トラブルが起こった時、折り合いがつかなければ、保育者は「後でみんなで話し合って、みんなの意見を聞いてみたらどう？」といったアドバイスをすることができます。その場合には、当事者の子どもの名前を出さずに話し合わせることが大切です。そういう約束をしておけば、子どもは実名を出さずに「ある子が〜して、ある子が〜したの」という言い方で、当事者を傷つけずに、みんなにトラブルを説明することができるようになります。そうすることによって、子どもたちは話し合いは誰がよいか悪いかを決めるためではなく、どうすれば問題を解決できるかを考えるためのものであることがわかるようになります。また、トラブルが起こると、子どもたちは何でもすぐに"ジャンケン"で決めようと言いがちです。なんでもかんでもジャンケンで決めるのは困りますが、たとえ"ジャンケン"が最善の方法ではないとしても、子どもが決めた解決策であるという点では、保育者が決めた方法よりはよいと言えるでしょう。

　本章では主に一般的な指導上の原則について説明してきましたが、第Ⅱ部では、実際の遊びの中でこれらの指導上の原則をどのように生かすか、より具体的な場面を通して考えることにしましょう。

第Ⅱ部

実践編

第5章

積木遊び

加藤泰彦（元・アラバマ大学客員教授）

1. はじめに

　幼児教育では、「遊び」の重要性はいつも強調されています。例えば、『幼稚園教育要領』(1989) では、「幼児の遊びは調和のとれた心身の発達の基礎を培う重要な学習であることを考慮して、遊びを通して幼児教育のねらいが達成されるようにしなければならない。」(第1章幼稚園教育の基本) とありますし、『保育所保育指針』(1990) でも、「乳幼児期にふさわしい体験が得られるように、遊びを通して総合的に保育を行うこと」(第1章の1の保育の方法) とあります。

　しかし、遊びを通していったい子どもたちに何が育つのか、子どもたちは遊びを通してどのような知識を作り上げていくのかとなると、今もってハッキリしないのが現状です。そこで本章では、ピアジェ理論の観点から、1〜3歳児の「積木遊び」を取り上げ、積木遊びを通して、子どもたちに何がどのように育っていくのかについて明らかにすることにしました。

　一般に、子どもたちの積木遊びには、主に次のような2種類の活動があると言われています。

　Ⅰ：積木を「シンボル」として扱い、意味づけたり命名したりしながら遊ぶ
　　　象徴的な積木遊び。
　Ⅱ：積木を「事物」として扱い、積んだり、並べたり、組み立てたりしながら遊ぶ物理的な積木遊び。

　Ⅰの積木遊びは、例えば、子どもたちが直方体の積木を「ブーブー」と言いながら自動車に見立てたり、円柱の積木をコップに見立ててジュースを飲むふ

りをしたりしながら遊ぶ活動がそれです。一方、Ⅱの積木遊びは、例えば、年少児が積木を打ち鳴らしたり、投げたり、上から落としたり、転がしたりする活動や積木を積んで高いタワーを作ったりする活動がそれです。このように、積木を使って遊ぶ活動には主に2種類の活動がありますが、本章では年少児の「積む活動」に焦点をあててレポートすることにしました。

2. 高いタワーを作って遊ぼう

（1）遊びの導入

　各年齢のクラスの子どもたちを3〜4人のグループに分けて、交代で遊ぶことにしました。まず表5-1のような1人分の材料をそれぞれの子どもに見せ、「今日はこれを使って遊ぼうね。○○ちゃんのはこれよ」とそれぞれの子の積木を示し、子どもたちが自由にそれらを使って遊べるようにしました。そして、子どもたちがいろいろなやり方（さわる、たたく、転がす、投げる、積む、並べるなど）で積木に働きかけた後、保育者は個々の子どもの前でいくつかの積木を積み上げ、「○○ちゃんもこんなふうに高

写真5-1

い高いタワーを作ることができる？」と投げかけました。このように、まず保育者がやって見せる導入法をとったのは、低年齢児の場合には、実際の行為と言葉の両方で導入するやり方のほうがわかりやすく、子どもが興味をもって取り組めるからです。

（2） 用意した積木（形・数）

　用意した積木は安全な木製の既製品です。1辺5cm基尺で、1人につき下表のような形と数（合計10種類20個）の積木を用意しました。

表5-1

番号	積木の種類と数	番号	積木の種類と数	番号	積木の種類と数
①	5×5×15cm　2個	⑤	直径5×高さ5cm　1個	⑨	⑦の直方体の半分　2個
②	5×5×5cm　4個	⑥	5×2.5×5cm　2個	⑩	①の直方体の半分　2個
③	5×2.5×15cm　2個	⑦	10×5×10cm　1個		
④	5×2.5×10cm　2個	⑧	②の立方体の半分　2個		

3. 結果と考察

　一般に、遊びの教育的価値は国語、算数、音楽といった「教科」や言葉、健康、表現といった「領域」の枠組みを通して説明されています。例えば、ごっこ遊びでは社会を学び、お絵かきでは図画を学び、鬼遊びでは体育を学んでいると言うのがそれです。しかし、幼児の思考はまだ未分化であり、国語や理科や算数や社会といった教科のようには分化していないので、教科の枠組みで説明するには無理があります。また、領域による説明となると、もっとあいまいです。こういった点から、2章で示したピアジェの枠組みは、まだ未分化な幼児の思考にピッタリのものと言えるでしょう。

表5-2の上欄にあるのは、すでに2章で説明した3種類の知識である物理的知識、社会的知識、論理数学的知識です。そして、論理数学的知識はさらに分類、順序づけ（系列化）、数量的関係づけ、空間的関係づけ、時間的関係づけの5つの側面に分けられます。また、左欄にあるのは、積木で高いタワーを作る時に関係する活動のいくつかを示したものです。したがって、私たちは表中の○印によって、それらの活動によって何が育つのかを知ることができます。

表5-2

知識の種類 遊びの種類	物理的知識	社会的知識	論理数学的知識				
			分類	順序づけ	数量的関係づけ	空間的関係づけ	時間的関係づけ
①積木を転がす、たたく落とすなど。	○						
②積木を置く、並べる。	○					○	
③積木の形を選ぶ。			○				
④積木を高く積み上げる。	○		○	○	○	○	
⑤バランスをとる。	○					○	
⑥大きい積木を下に、小さい積木を上に積む。				○	○		○
⑦積木の向きや面を選ぶ。						○	

カミイら（1978）は、積木は単なる運動的な器用さや感覚を陶冶するだけの遊びではなく、子どもたちの考える力を育てる知的な遊びでもあると言います。例えば、子どもたちは積木で遊ぶ時、積木はたたくと音がする、さわるとスベスベする、積み上げることができる、バランスが悪いと落ちるといったたくさんの物理的知識を作り出します。また、「高いタワーを作る」時には、分類、順序づけ、数量的関係づけ、空間的関係づけ、時間的関係づけといった関係づけを通してたくさんの論理数学的知識を作り出します。例えば、崩れないようにするために積木の置く位置やバランスについて考える時には「空間的関係づけ」が、三角の積木と四角の積木を区別して選ぶ時には「分類」が関係し

42　第Ⅱ部　実践編

ます。また、高くするために三角の積木を1番最後に置くときには「時間的関係づけ」が、大きくて安定のよい積木を一番下に置きだんだん小さい積木を上に置いていくときには「順序づけ」が関係します。そこで、これらの知的な関係づけから構成される論理数学的知識の発達に焦点を当てて、子どもたちがどのようにして高いタワーを作ることができるようになったか、順を追って紹介することにしましょう。

（1）　A児（1歳7か月、男児）：積木を手当たりしだいにとって、上に上にと積木を置いていく。

1）近くにある積木を手当たりしだいに積もうとし、まず⑦の厚い立方体を置く。
2）その上に手元にあった三角の積木をのせる。
3）三角の上に③の薄い直方体を置くが、すぐに落ちてしまったので、三角の積木を取り去り、直方体を横向きにしておく。（図5-1）
4）⑦の厚い立方体の上にあった③の薄い直方体を取り、①の長い直方体に置き換える。（図5-2）
5）③の薄い直方体を①の長い直方体の上に置く。（図5-2）
6）③の薄い直方体の左端に②の立方体を置く。
7）②の立方体の上に手元にあった③の薄い直方体を図のように置いたため滑り落ちる。落ちた③の直方体を見て、手をたたいて喜ぶ。

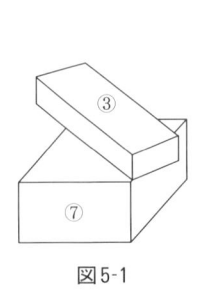

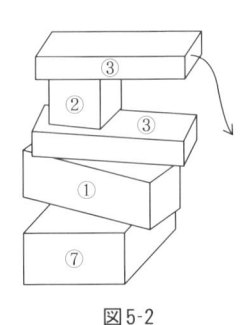

図5-1

図5-2

〈考察〉

　観察記録からわかるように、A児はある積木を取るとその上に別の積木を"ひとつ、ひとつ"置いています。このことは、A児が"下"の積木の"上"にもうひとつの積木を置くという行為、すなわち、2つの積木を関係づけて"上下"という空間的関係を作り出していることを示しています。しかし、A児の積み方を見るとわかるように、A児は2つの積木だけを関係づけてそれを繰り返しているだけであり、そこにはより高く積むための意図や工夫は見られません。このことは、積木が落ちたにもかかわらず、A児が手をたたいて喜んでいることからも明らかです。また、A児は上に"積める積木"と"積めない積木"といった分類もしていないので、手当たりしだいに積木をとって、三角の積木の上に四角の積木を置いたり、小さな積木の上に大きな積木をのせたりしています。

（2）　B児（2歳5か月、女児）積木の形を選んで積み上げる。

1）⑦の厚い直方体と④の薄い直方体を横向きに積む。（図 5-3）
2）①の長い直方体と③の薄い直方体を横向きに積む。
3）⑥の薄い直方体と②の立方体とを積み上げる。
4）①の長い直方体を横向きにして置く。
5）①の長い直方体の上に⑥の薄い直方体を横向きにして積み上げる。
6）⑧の小さい三角を下から4つ目の③の薄い直方体の左端に置く。
7）③の薄い直方体の右端に②の立方体を置く。
8）一番上にある⑥の薄い立方体の上に⑩の長い三角を横向きにして重ねるが、上にある⑥の薄い立方体と①の長い直方体と②の立方体が共に崩れ落ちる。（図 5-4）
9）「アッー」と声を上げ、⑨の大きい三角を取ろうとするがやめて、②の立方体を置き、②の立方体の上に⑤の円柱を積む。（図 5-5）
10）⑤の円柱の上に①の長い直方体を横向きにして置く。
11）次に⑥の薄い直方体と④の薄い直方体も横向きに置き、両手を上げて喜ぶ。

図 5-3　　　　図 5-4　　　　図 5-5

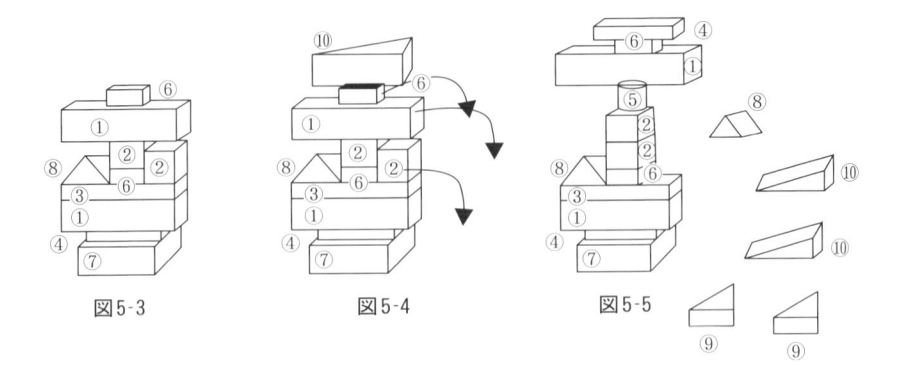

〈考察〉

　B児の積んだ積木を見ると、主に四角の積木と円柱だけを使っており、三角の積木はほとんど使わなかったことがわかります。そこで、振り返ってB児の積み方を見てみると、B児は安定する四角の積木を先に積んだり、直方体の積木は横向きに置いたり、下の積木のほぼ真ん中に上の積木を置いたりしています。また、四角がなくなると、辺りを見回して円柱を選んで積んでいます。このことは、明らかにB児が"積めない積木（三角）"と"積める積木（四角と円柱）"を分類していることを示しています。それが、B児の積んだ積木がすべて四角と円柱で構成され、ほとんどの三角の積木が床に残された理由です（図5-5）。しかし、すべての積木を横向きに置いていることからもわかるように、B児にはまだ積木を"より高く"積み上げるための工夫や関係づけは見られません。

（3）　C児（2歳8か月、女児）：積木を縦にして高く積んでいく。
1）縦に置いた①の長い直方体の上に、同じ長い直方体をもう1つ縦に積む（図5-6）。
2）②の立方体を探し、①の長い直方体の上に積む（図5-7）。
3）さらに手を伸ばして遠くにあった同じ②の立方体を取って積む。
4）さらに続けて同じ2個の立方体を積む。
5）⑨の大きい三角を手に持つがやめ、④の薄い直方体を横向きに積む。
6）さらに④の薄い直方体を横向きに積む。

第5章 積木遊び　45

図 5-6

図 5-7

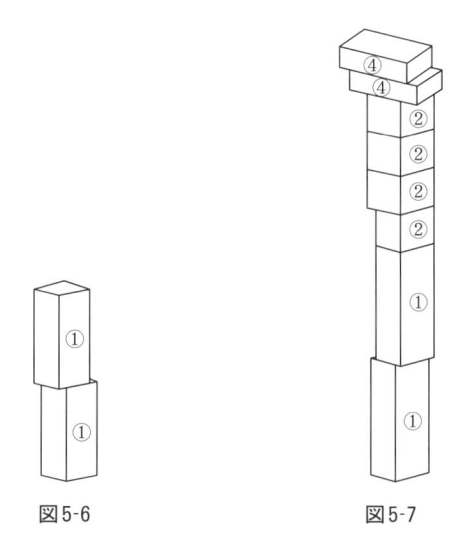

〈考察〉

　C児はまず①の長い2つの直方体を縦向きに積んでいます。このことは、C児が明らかに"より高く"積もうとする意図を持っていることを示しています。すなわち、積木の長さ（数量的）と向き（空間的）を関係づけ、"より高く"するために直方体の積木を縦にして置いているのがそれです。また、C児は三角の積木を"積めない積木"として除外（分類）しているだけでなく、直方体の積木は直方体の積木で、立方体の積木は立方体の積木でまとめて積んでいることからもわかるように（図5-7）、"積める積木"である四角の積木をさらに"直方体の積木"と"立方体の積木"に分類しています。

　このように、C児の関係づけはB児よりもさらに進歩していますが、しかし、④の薄い直方体の積木となるとやはり横向きに積んでおり、①の積木のように縦に使うことができないことがわかります。

（4）　D児（3歳6か月、男児）：より高く積み上げるために、薄い直方体の積木も縦に使うことができる。
　1）注意深く②の立方体の真上にもう1つ②の立方体を重ねる（図5-8）。
　2）次に、⑥の薄い直方体を横向きにして置き、②の立方体、⑤の円柱、⑥

46　第Ⅱ部　実践編

　　の直方体と置く。
3）続けて、⑥の直方体の上に①の長い直方体を縦にして2つ重ねて置き、一番下の②の立方体を両手で押さえて全体が真っ直ぐになるようする。
4）①の直方体の上にいったん⑧の小さい三角を置くが、すぐに取り去る。
5）①の直方体の上に③の薄い直方体を横向きにして置くが、すぐに縦向きに置き換える（図5-9）。
6）③の薄い直方体の横に④の薄い直方体を縦にして並べて置こうとするがやめ、③の薄い直方体を取って④の薄い直方体を2つくっつけて縦向きに置く（図5-10）。

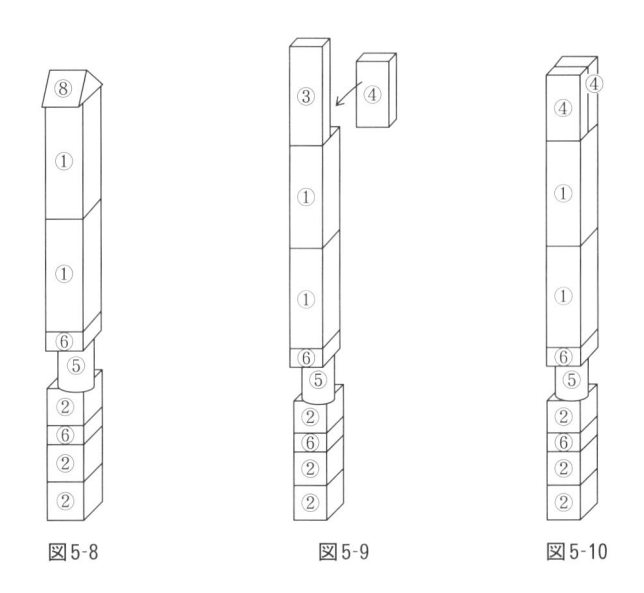

図5-8　　　　　図5-9　　　　　図5-10

〈考察〉
　D児はまず、2個の②の立方体、⑥の薄い直方体、②の立方体、⑤の円柱、⑥の薄い直方体と積み上げました。それから、より高くするために2個の①の長い直方体をきっちりと両面をあわせて縦にして積んでいます（図5-8）。そして、ある高さまで積み上げると、今度は三角の積木を積み、困ったような表情をしました。というのは、三角の積木の上にはもうどんな積木も積めないこ

第 5 章　積木遊び　47

とがわかったからです。そして、しばらく考え込んだ後、D児は三角の積木を取り除き、③の薄い直方体を縦向きに積みました。そして、長さの違う④の薄い直方体を重ねようとしましたが（図 5-9）、結局安定させるために同じ長さの④の薄い直方体の積木を縦向きに2枚重ねて積みました（図 5-10）。

このように、D児は"より高く"積み上げるために、①の長い直方体だけではなく、③や④の薄い直方体の積木も縦にして積み上げることができました。また、"安定と高さを両立させる"ために、2つの積木を重ね合わせて積むこともできるようになりました。しかし、D児はまだ、より高く積み上げるために三角の積木を使うことはできません。

（5）　E児（3歳10か月、男児）：より高く積み上げるために三角の積木も使うことができる。
1）②の立方体、①の長い直方体、①の長い直方体と積んだ上に、⑨の大きい三角を横向きにして置く（図 5-11）。
2）⑨の上に⑩の長い三角の頂点が上になるように積むが、あわてて向きを変え、平らな面を横向きにして積む（図 5-12）。

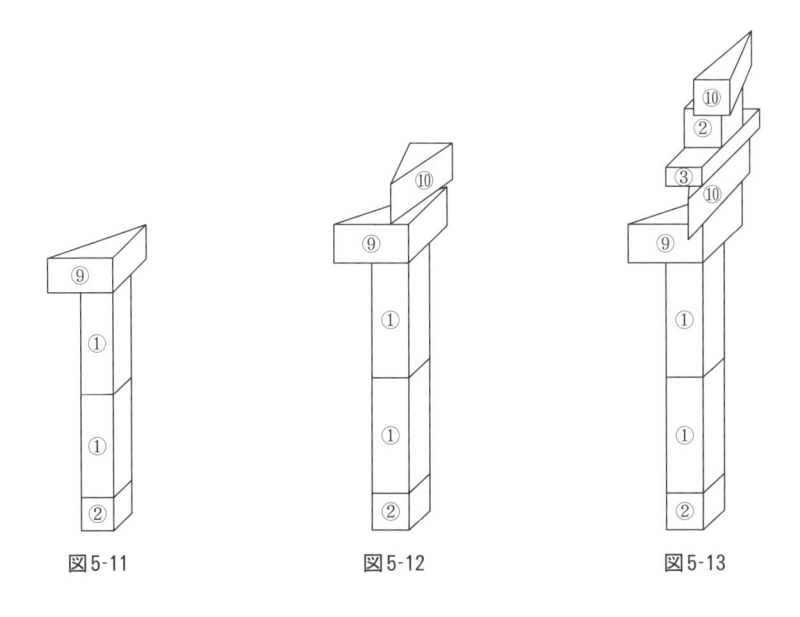

図 5-11　　　図 5-12　　　図 5-13

3）③の薄い直方体を横向きにして積む（図5-13）。
4）②の立方体を積む。
5）⑩の長い三角を横向きにして積む。

〈考察〉
　E児は①の長い直方体の積木を縦に使うことができるだけでなく、⑨の大きい三角、⑩の長い三角の積木も横向きにして積むことができました（図5-11〜13）。E児は初めは何度か三角の積木の頂点を上にして積みましたが、何度か試みるうちに、横向きにすれば三角の積木も積めることを考え出したのです。

　このように、これまでの子どもたちには三角の積木は1つ（てっぺんに）しか積めないものでしたが、E児になると、三角の積木も「積める積木」と見なされるようになります。すなわち、「積める積木」はこれまで四角と円柱だけでしたが、空間的な（向きの）関係づけが進歩すると、それに応じて分類もさらに進歩していったのです。

（6）　F児（4歳1か月、男児）：全部の積木を積み上げることができる。
1）①の長い直方体を縦に2段に積む（図5-14）。
2）その上に⑥の薄い直方体を横向きに2つ積み重ねる。
3）②の立方体を先に4段重ねにして、⑥の薄い直方体の上に置く。
4）④の薄い直方体を縦に2つ重ねて、②の立方体の上に置く。
5）③の薄い直方体を縦に2つ重ねて、④の薄い直方体の上に置く。
6）すでに積み上げた積木のそばで、まず2つの⑨の大きい三角を組み合わせて四角にし、その上に⑦の厚い立方体を横向きにして置く。
7）さらにその上に⑧の小さい三角を2つ組み合わせて四角に、その後に2つの⑩の長い三角を垂直に並べて置く。
8）2つの⑨の大きい三角を組み合わせて四角にし、③の薄い直方体を2枚縦に積んだ上に積もうとするが、積木が離れておけない（図5-15）。
9）⑧の小さい三角の積木を2つ組み合わせて四角にして積む（図5-16）。
10）⑦の厚い立方体を横向きにして、四角にした2つの⑧の小さい三角の真

11) ⑦の立方体の上に⑨の大きい三角を2つ組み合わせて四角にして置く（前とは違い、落ちない）。
12) ⑩の長い三角の積木を横向きにして四角にした2つの⑨の三角の上に置き、とうとう全部の積木を積み上げる。

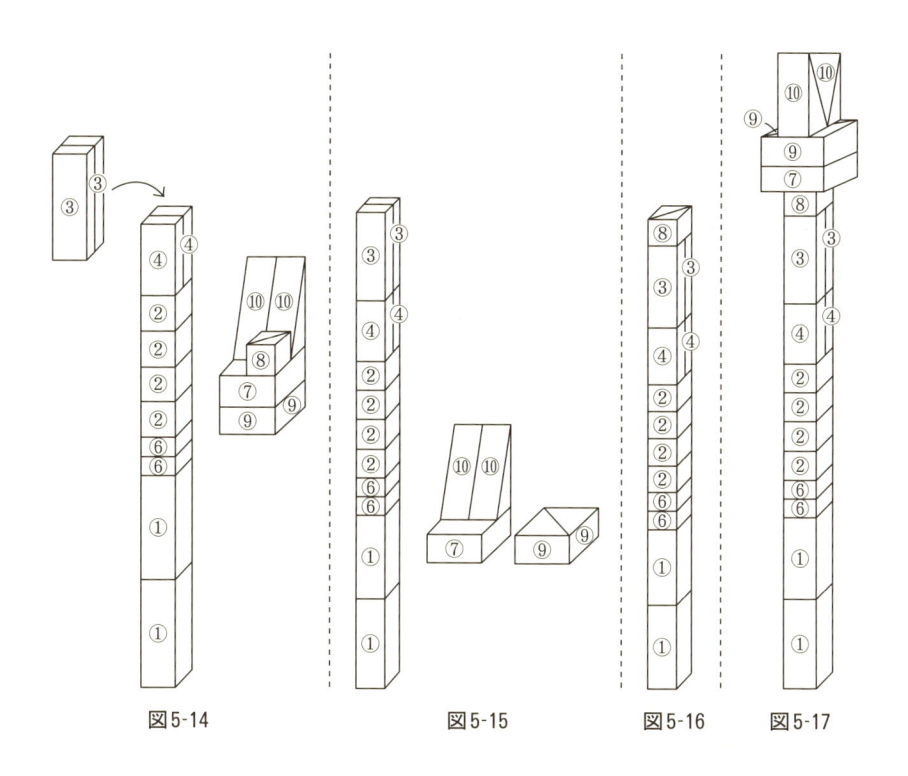

図5-14　　　図5-15　　　図5-16　図5-17

〈考察〉

　F児の積み方を見ると、そこには"最も高く"積み上げるためのいろいろな関係づけが統合されていることがわかります。図5-14でわかるように、F児は途中まではすべて四角の積木だけを積み上げてきました（分類）。すなわち、まず太い直方体の積木を先に選んで積み上げ、次に（時間的）立方体の積木を積み上げ、さらに薄い直方体は2枚を組み合わせて（空間的）安定した太い立方体に変えて積み上げています。残っているのは、大きい三角の積木、小さい

三角の積木です。そこで、F児は小さい三角の積木も、大きい三角の積木も2つを組み合わせて四角にして積みました（図5-17）！

全部の積木を積み上げることに成功したF児の積み方を見ると、そこにはF児が積木の形や大きさや長さや向きなどを分類の側面、空間的側面、時間的側面から、さらには順序づけの側面から関係づけているだけでなく、それらの関係づけを統合して考えていることがわかります。

4. まとめ

積木は一般に"手で積む"ものであり、手先の感覚と運動機能を陶冶するものであると考えられています。しかし、今回の実践でわかるように、子どもたちは積木の持つさまざまな要素を関係づけながら、"頭で積んでいる"のです。たった1〜2歳の小さな子どもであるにもかかわらず、子どもたちの考える意欲や態度には目をみはるものがあります。子どもたちは高く積むために、積木を形や長さなどによって分類したり、長さや積む順番を順序づけたり、バランスをとるために向きや置く場所を考えたりしながら、たくさんの物理的知識と同時にたくさんの論理数学的知識を構成しました（表5-2の○印を参照）。

今回の実践でとりわけ印象的であったことは、"かわいい"だけで、とかく知的な存在としては軽視されがちな年少児の素晴らしい"考える能力"を発見したことです。また、私たちはピアジェ理論の視点から子どもたちの活動を分析することによって、伝統的な枠組みではハッキリしなかった遊びの豊かさとその知的発達の内容を明確に知ることができました。今後はこれらの成果をいろいろな分野の遊びに応用すると共に、今までの年少児の保育を見直しながら、子どもたちの考える力をさらに伸ばしていけるような保育を追求したいと考えています。

5. ワンポイントQ&A

Q1. どんな種類や大きさの積木を用意したらよいのですか?

A1. 積木にはいろいろな種類がありますが、この実践では5cm基尺の木製の積木を使いました。このサイズだと子どもたちに扱いやすく、また、高く積むために2つの積木を組み合わせたり、長さや面や向きなどをいろいろに考えて遊ぶことができます。

　なお、私たちは積木を選ぶに当たって、安全性、素材性（肌触りのよい木製）、形や各面の長さや広さの正確さをふまえて、何よりも年少児の手で扱える大きさ、重さに留意して選びました。そして、年齢に応じて、形の種類と数を変えて子どもたちに提供しました。

Q2. この実践以外にも、子どもたちによい積木の遊び方がありますか?

A2. 冒頭でも述べたように、子どもにとっては、大人がイメージするような決まりきった積木の遊び方はありません。子どもたちは自分の興味や発達に応じて、最も自分が望む遊び方をするでしょう。1, 2歳児であれば、探索的で感覚運動的な関わり方をして、たくさんの積木の物理的知識を作り上げるでしょう。もう少し年長になると、子どもたちは積木を何かに見立てて、自分のイメージを表現しようとすることもあれば、高いタワーやお家や乗り物などの構成的な積木遊びをするかもしれません。また、大型積木を使えば、集団的、協同的でダイナミックな積木遊びを展開することもできます。いずれにせよ、子どもたちが集中して、自分のアイディアや工夫が表現できるような積木遊びこそ"よい積木遊び"だと言えます。

6. 指導案：1～3歳児「高いタワーを作って遊ぼう」

発達的側面	〈情意的側面〉 ・高く積む達成感を味わう。 〈知的側面〉 ・積木に対するいろいろな働きかけ（積む、転がす、重ねる、並べる、叩くなど）を通して、豊かな物理的知識を作り上げる。 ・いろいろな積木の形、大きさ、長さなどを分類したり、順序づけたりする。 ・どの積木から先に積んだら高く積むことができるか、時間的に関係づける。 ・下の積木と上の積木の位置や面、向き、バランスなどを空間的に関係づける。 ・遊びを通して積木の形や長さ、重さ、向きなどに関する言葉（社会的知識）を身につける。 〈社会・道徳的側面〉 ・年齢に応じて、自分の遊んだ物を責任を持って片づけることができるようになる。

環境構成	子どもの活動	保育者の言葉かけと手だて
〈準備物〉（1人分） ・ ▱ 2個 （5×5×15cm） ・ ◻ 4個 （5×5×5cm） ・ ▱ 2個 （5×2.5×15cm） ・ ▱ 2個 （5×2.5×10cm） ・ ◯ 1個 （直径5cm×高さ5cm） ・ ▱ 2個 （5×2.5×5cm） ・ ▱ 1個 （10×5×10cm） ・ △ 2個 （5×5×5cmの半分） ・ △ 2個 （10×5×10cmの半分） ・ △ 2個 （5×5×15cmの半分）	◎積木遊びをする。 ○保育者の話を聞く。 ○自分の好きなように積木を使って遊ぶ。 ・積木を積む。 ・積木を並べる。 ・積木同士を打ちつける。 ・床の上を転がす。 ・床の上に積木を並べる。 ○高いタワーを作って遊ぶ。 ・保育者がタワーを作るようすを見る。 ・自分の材料のある場所に行っ	・子どもたちに用意した積木を見せ、「今日はこの積木を使って遊びましょう。どんな面白い遊びができるかしら?」と言って、子どもたちに自由な活動（タイプⅠ）を促す。 ・個々の子どもたちの活動の状況に応じて、タイプⅡの遊び方を導入する。 ・「先生がこれからすることをよく見ていてね」と言いながら、保育者が積木を積むところを見せる。なお、3歳児以上では言葉かけだけで始める。 ・保育者は積み上げたところで「みんなも、こんなふうに積木を高く高く積むことができるかな」と投げかけ、興味をもって取り組めるようにする。

| | | て、積木を高く積んで遊ぶ。
・積木をとって、下の積木の上に上にと置く。
・積木の形を選んで積み上げる。
・積木を縦にして高く積む。
・細長い直方体の積木も縦に使って高く積む。
・三角の積木を横にして置く。
・全部の積木を積み上げる。 | ・適切な空間で一人ひとりの活動が十分できるように配慮する。
・積む活動以外の遊び方をしている場合でも、子どもの遊び方を見守り遊びの区切れを見はからって、もう一度「高く積めるかな？」と誘ってみる。それでも積む活動に興味が持てない場合は、子どもの興味に基づいた遊び方を尊重する。
・集中して遊んでいるときには見守る。
・手が届きにくくなるほど高く積んでいるときには、台を使ってよいことを知らせる。 |
| | | ○自分の使った積木や板を片づける。 | ・自分の使ったものをどこに片づければよいか、子どもにわかりやすく箱やケースに図で表示しておく。 |

第6章

斜面遊び

宮川洋子（こじかこども園）訳

1. はじめに

　子どもたちは斜面を利用した遊びが大好きです。どこの公園でも、子どもたちが喜んでスベリ台で遊んでいる姿を見かけます。また家庭でも、容器を傾けると中の物が落ちてしまうという経験を子どもたちはよくします。保育所や幼稚園での斜面遊びといえば、板を斜面にしていろいろなボールを転がしたり、箱の中に厚紙でコースを作って、ビー玉やどんぐりを転がす遊びがあります。このように、子どもたちは斜面を利用した遊びが大好きです。では、子どもたちはこうした遊びや経験の中で、いったい何を学んでいるのでしょうか？

　1章でも説明したように、物が上から下へ転がり落ちるというのは物理的知識です。また、ボールは斜面の上を転がるが、四角の積木や三角の積木は転がらないというのも物理的知識です。ですから、物理的知識を獲得するためには、子どもたちは実際に物を斜面の上にのせて、それが転がるということを自ら"発見"しなければなりません。また、ボールは平面では押さないと転がらないが、斜面の上では手を離すだけで転がるというのも、自分でやって"発見"しなければならない物理的知識です。このように、子どもたちは自ら事物に働きかけ（原因）、その反応（結果）を関係づけることを通して物理的知識を獲得しますが、さらに、転がる物と転がらない物を区別したり（分類）、斜面と転がる物の方向について考える（空間的関係）など、たくさんの論理数学的知識も構成していきます。そこで本章では、特に低年齢の1〜2歳の子どもたちの「斜面遊び」に焦点をあてて、その点を明らかにすることにしました。

4章で述べたように、「物と関わる遊び」には2つの遊び方がありますが、ここでは「斜面を作って積木をコロコロ転がすことができますか？」というタイプⅡの活動についてレポートすることにします。今回の実践は主に1歳と2歳を対象にしていますが、その理由は斜面の特性を発見することや転がる物と転がらない物を区別することが、低年齢の子どもたちの興味と発達に合ったものだからです。

写真6-1

2. コロコロ転がして遊ぼう

(1) 遊びの導入

1歳児クラスの子どもたち12人を2つのグループに分けて、先に一方のグループが保育室で斜面遊びをし、他方のグループは園庭で15分ぐらい遊んだ後、最初のグループと交代して遊びました。

小さな子どもはよく物をなめたり、つかんだり、投げたり、押したり、ゆすったり、打ちつけたり、転がしたり、積んだりなど、物に対していろいろな働きかけをします。そこでまず、保育者は「今日はこれを使って遊ぼうね。○○ちゃんの使う物はこれよ」と一人ひとりの用具を示し（図6-2）、最初は子どもたちが自由にそれらの用具を使って遊べるようにしました（タイプⅠの遊び方）。そして、子どもたちが十分に遊んだ後、それぞれの子どもの遊びの区切れを見はからって、個々に「これから先生がすることをよく見ていてね」と言いました。そして、子どもの目の前で積木と板で斜面を作り、その斜面の上で円柱を転がして見せました（図6-1）。それから、「○○ちゃんも先生みたいにコロコロと転がすことができるかな」と子ども

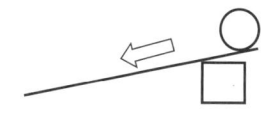

図6-1

に投げかけました（タイプⅡの遊び方）。ここで、保育者がまずやって見せて、子どもにまねをさせる（模倣させる）という導入法をとったのは、低年齢児の場合には、言葉だけのやり方よりもこのようなやり方のほうが興味をもって遊びに入れるからです。

（2） 準備物と環境構成

下記の物（図6-2）を1人分ずつカゴなどに入れて準備しておきます。

1） 素材や用具（1人分）
① 板（10×30×0.6cm）1枚
② 直方体の積木（5×5×15cm）1個
③ 円柱の積木（直径5cm、高さ5cm）5個
④ 立方体の積木（5×5×5cm）2個
⑤ カゴ　1個

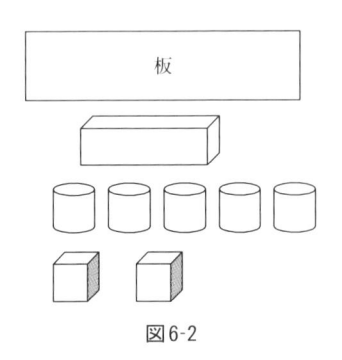

図6-2

2） 環境構成

環境構成で留意することは、できるだけ子ども同士の間隔を広く取ることです。そうすれば、子どもが転がった積木を取りに行く時に、他の子の斜面をこわしてしまったり、転がった積木の取り合いになったりして、遊びが中断することがなくなります。また、遊戯室などの広い部屋が使えて、材料も十分に準備できれば、10人ぐらいの子が一度に遊ぶこともできます。

（3） 実践事例1

1〜2歳の子どもたちがどのように斜面で積木を転がして遊んだか、その進歩に焦点をあてて3つの事例を紹介しましょう。

1） C児（1歳10か月、女児）：いろいろな積木を力を入れて転がす。

C児は保育者が転がすようすを見た後、いちばん近くにある円柱の積木を取りました。それから、積木を斜めに置き、"力を入れて"押しました（図6-3）。

次に、自分の近くにある立方体の積木を取り、斜面の上に置いて転がそうとしました。しかし、その積木が転がらないので、C児は手でその積木を斜面の

真ん中くらいまで押しました（図6-4）。それから、その積木を持ち上げ、両手で持って何度か手の中で回し、先ほどとは違う面を下にして置きました。それでも転がらないので、今度は手で積木をクルクル回しながら斜面の下まで転がしました（図6-5）。

　次に、C児は近くにある円柱の積木を取り、斜面の上に立てて置きました。しかし、転がらないので、手で押しながらすべり下ろしました（図6-6）。

　それから、C児はまた別の円柱を取り、今度は横向きにしてから斜面に斜めに向けて置き、力を入れて押しました（図6-7）。

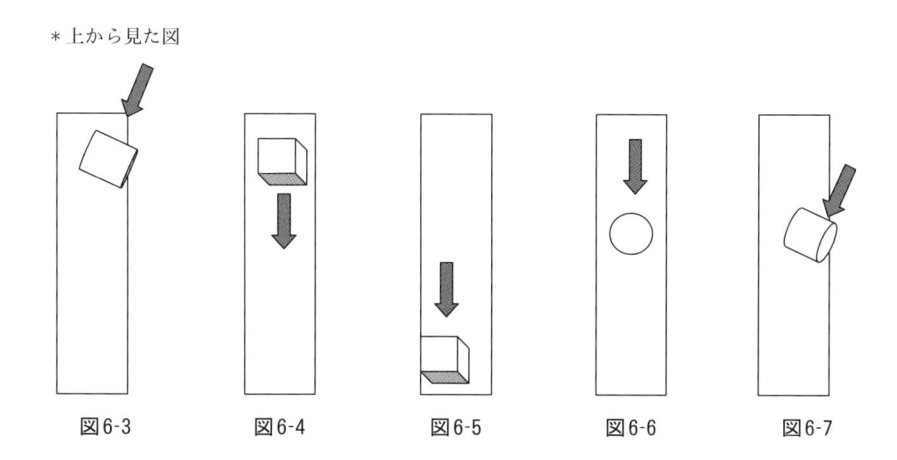

＊上から見た図

| 図6-3 | 図6-4 | 図6-5 | 図6-6 | 図6-7 |

〈考察〉

　C児はまず、近くにある円柱を取って、図6-3のように斜めにして力を入れて転がしました。そして次に、立方体の積木を図6-4、図6-5のように手で転がしました。このように、C児は円柱の積木でも立方体の積木でも、何でもかんでも手当たりしだいに転がしました。このことは、C児が「転がる積木」と「転がらない積木」とを区別（分類）していないことを示しています。つまり、C児はまだ丸い面は転がるが、平らな面は転がらないという関係づけをしていないのです。しかも、図6-6からわかるように、C児は円柱を横向きに置かない限り転がらないという物理的で空間的な関係づけもしていません。さらに、円柱でも立方体でも力を入れて転がしたことからわかるように、C児はどんな

積木も自分が"力を入れて押すから転がる"のだと考えているのです。このことは、C児がまだ丸い物は力を入れなくても斜面を転がるという物理的知識を構成していないことを示しています。

2）D児（2歳3か月、女児）：円柱を選んでそっと転がす。

D児は置いてある積木の中から円柱だけを選び、立方体の積木は使いませんでした。まず、最初にD児は円柱を横向きにして置き、力を加えずそっと離して転がしました（図6-8）。しかし、円柱を斜めに向けて転がしたので、斜面から外れて落ちてしまいました（図6-9）。そこで、D児はその円柱をもう1度拾ってそっと離して転がしましたが、また斜めに置いたので板から落ちてしまいました（図6-10）。その後、何回も円柱を転がしましたが、置く向きがいろいろなので、円柱はまっすぐに転がらず、たびたび斜面から外れて落ちてしまいました。

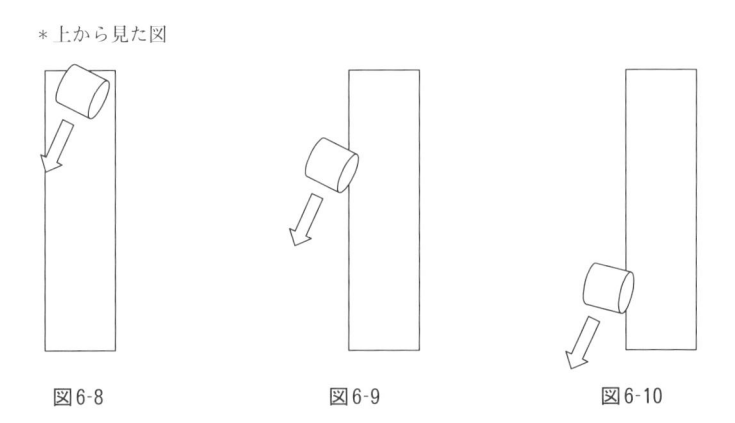

＊上から見た図

図6-8　　　　　　図6-9　　　　　　図6-10

〈考察〉

D児は立方体の積木は使わずに、円柱の積木だけを選んで転がしています。このことは、D児がC児と違って、転がる積木と転がらない積木、すなわち、丸い面と平らな面とを区別（分類）していることを示しています。また、力を加えずそっと手を離して転がしていることからわかるように、D児は斜面では、丸い物は力を入れなくても転がるという物理的知識をすでに構成している

ことがわかります。しかし、図6-8、6-9、6-10からわかるように、D児はまっすぐ転がすためには円柱を斜面に対してまっすぐに置かなければならないという空間的関係づけはしていません。D児が何度転がしても円柱が斜めに転がり、斜面から落ちてしまったのはそのためです。

　3）　E児（2歳7か月、男児）：円柱を斜面に対してまっすぐに転がす。
　E児は立方体には見向きもせず、円柱のみを選びました。そして、円柱の向きと斜面の転がる方向とがまっすぐになるように置き、そっと手から離しました。すると円柱はまっすぐに転がりました。その後、E児は何度も転がしましたが、円柱はまっすぐに斜面の上から下まで転がりました。

〈考察〉
　E児は円柱を転がすたびに、いつも、斜面の上から下までまっすぐに転がすことができました。これは、E児がD児と違って、円柱の向きと斜面の転がる方向を空間的に関係づけているからです。
　以上の3つの事例からわかるように、斜面遊びを通して、子どもたちは丸い物は転がり平らな物は転がらないという分類、丸い物は力を入れなくても斜面を転がるという物理的知識、円柱の積木を横向きにすればまっすぐに転がるという空間的知識を発達させていることがわかります。最年少のC児は、3つの関係づけのどれもできなかったので、積木をうまく転がすことができませんでした。次のD児は、分類と物理的知識の2つの関係づけはできましたが、空間的な関係づけができなかったので、円柱を上から下までまっすぐに転がすことはできませんでした。一方、E児は3つの関係づけのすべてができたので、何度転がしても円柱を上から下までまっすぐに転がすことができました。

（4）　実践事例2
　ここでは2つの事例をあげて、保育者がいつ、どのような言葉かけや手だてをすればよいのかについて考えてみましょう。
　1）　F児（1歳7か月、女児）：転がそうとしない場面
　まず、保育者はF児の前に用具を出して自由に遊ばせ、そのようすを見るこ

とにしました。すると、F児は2つの立方体の積木をそれぞれ持ち、カチカチと打ちつけて音を出しました。次に、右手の積木を床に置き、近くにある円柱をとりました。そして、左手の立方体と打ちつけて、再びカチカチと音を出しました。その後、F児はしばらくいろいろな組み合わせを作って、音を出したり、床に打ちつけたりして遊びました。

写真6-2

保育者は打ちつける遊びが途切れた頃を見はからって、F児に「先生がすることをよく見ていてね」と言い、斜面を作って円柱を転がして見せました。「ほら、積木がコロコロ転がったね。Fちゃんもコロコロ転がせるかな？」と投げかけました。しかし、F児は一向に保育者が意図した転がす遊びをしません。そのかわりに、板の上に立方体の積木を置き、その隣にもう1つの立方体を置き、さらにその隣に円柱の積木を置いて、積木を並べる遊びをしました。そこで保育者は、もう一度斜面を作り、円柱の積木を何度か転がして見せ、「Fちゃんもコロコロできるかな？」と投げかけました。しかし、F児は保育者のやり方を見るものの転がそうとはせず、今度は積木を積み上げる遊びを始めました。

〈考察〉

先に述べたように、物と関わる遊びには2つのタイプの遊び方があります。この事例でF児がカチカチと音を鳴らして楽しんだのはタイプⅠの遊び方の典型です。

4章の指導上の原則にもあるように、子どもがタイプⅠの遊び方に飽きたり、遊びが停滞した時、保育者はタイプⅡの遊びを投げかけることができます。この事例で、保育者が「コロコロ転がせるかな」という投げかけをしたのはそのためです。しかし、この事例の場合、保育者は指導上の原則には忠実でしたが、子どもの反応には忠実ではなかったといえます。というのは、保育者が何度F児に転がして見せても、F児は転がそうとせず、自分の遊び方を続けたか

らです。こういう時に大切なことは、①子ども自身の興味や関心がどこにあるか、②どのような活動をしたいのかを決めるのは子ども自身であるということです。保育者はともすると自分の計画通りに保育を展開し、子どもを自分の考えにそわせようとしがちですが、この事例からもわかるように、子どもは自分の興味のないものには見向きもしません。ですから、保育者の強制によって、たとえF児がコロコロ転がしたとしても、F児は他律的に保育者の要求に

写真6-3

応じたに過ぎません。また、興味や関心のない活動の中には学ぶ要素もないし、知的な関係づけも生まれません。ですから、このような場合は、保育者はF児に興味のあるタイプⅠの遊びを続けさせるべきです。この事例から学べる大切なポイントは、タイプⅡの「～ができますか」という投げかけは、保育者の興味ではなく、"子ども自身の興味"に基づかなければならないということです。

2）G児（2歳7か月、男児）：転がす遊びに飽きた場面

保育者はG児がタイプⅠの遊びを十分に楽しんだので、タイプⅡの遊びを導入しました。そして「ここにある積木を使って斜面の上をコロコロ転がすことができるかな？」と投げかけました。すると、G児はすぐに興味を示し、円柱を選んで慎重に斜面の転がる方向と円柱の向きとを関係づけ、まっすぐに転がしました。そして、何度転がしても、円柱をまっすぐに斜面の下まで転がすことができました。しかし、何回もするうちに、G児はこの遊び方に飽きてしまい、斜面遊びをやめてしまいました。

〈考察〉

タイプⅡの遊び方を投げかけるねらいは、それによって遊びへの興味を深め、さらに豊かな知的関係づけができるようにするためです。しかし、事例からもわかるように、G児は何度もするうちに保育者の投げかける課題に飽きて

しまい、斜面遊びをやめてしまいました。このことから、G児にとって、保育者の投げかけた課題はやさしすぎたことがわかります。この事例は、保育者の投げかける課題がやさしすぎたら子どもは興味をなくするし、知的な関係づけも深まらない例だといえます。このような場合、保育者はもっと課題性や挑戦性のある提案をすべきです。例えば、もっと長い斜面にすれば、G児は最後までまっすぐに転がるようにするために、積木の向きと転がる方向との関係をより深く考えるようになります。また、斜面の角度をいろいろに変えることができるようにすれば、G児は積木が転がるスピードと斜面の角度との関係づけを作り出すことができるようになるかもしれません。

3. ワンポイントQ&A

Q1. タイプⅡの「コロコロ転がして遊ぼう」という遊び方は、何歳くらいからできますか。

A1. 実践例からもわかるように、この遊び方は、満年齢で1歳3か月頃から3歳頃の子どもに適した遊びといえます。というのは、1歳3か月以前では、転がすことのおもしろさにまだ興味が持てないからです。3歳以降では、この小さな板を使った遊び方では簡単になりますので、長い斜面にしたり、大きなベニヤ板を斜面にしていろいろな物を転がして遊んだり、ボールとペットボトルを用意して斜面を利用したマト当て遊びに発展させるのがよいでしょう。

Q2. 子どもが転がしている時によく斜面の板が外れてしまいますが、そのような時に保育者が直してあげるのはよいことですか。

A2. しばらくようすを見てみましょう。すると、直すことができる子は自分で直します。しかし、自分で直せない子には、保育者が「自分で直すことができる？」、「直すのを手伝ってあげましょうか？」と言って、保育者が援助してあげるのもよいでしょう。また、何度も板が外れて子どもの遊びが中断するようであれば、板と積木を固定することも必要です。

4. 指導案：1～2歳児「コロコロ転がして遊ぼう」

発達的側面	〈情意的側面〉 ・いろいろな物を転がし、その転がし方を試し、意欲的に物に働きかけることを楽しむ。 〈知的側面〉 ・転がる物と転がらない物があることを知る。 ・力を加えなくても斜面の上で転がることに気づく。 ・斜面の上を転がすために、円柱のどの面を使うかを考える。 ・斜面の向きと円柱の向きを空間的に関係づける。 〈社会・道徳的側面〉 ・自分の遊んだ物を責任を持って片づける。			
環境構成		子どもの活動	保育者の言葉かけと手だて
〈場所〉 保育室または遊戯室 	用具	用具
用具	用具
用具	用具	 〈準備物〉（1人分） ・板　1枚 　(10×30×0.6cm) ・長い積木　1個 　(5×5×15cm) ・円柱の積木5個 　(直径5cm、高さ5cm) ・立方体の積木2個 　(5×5×5cm)		◎斜面遊びをする。 ○保育者の話を聞く。 ・「斜面遊び」をして遊ぶことを知る。 ・保育者が斜面を作り、円柱を転がすようすを見る。 ・自分の用具を見つける。 ○転がして遊ぶ。 ・長い積木と板で斜面を作る。 ・立方体の積木や円柱の積木を転がして遊ぶ。 ・力を入れて積木を押して転がす。 ・円柱を立てて転がそうとする。 ・円柱だけ選んで転がす。 ・円柱の側面で転がす。 ・斜面の転がる方向と円柱を置く向きを考える。 ○他の遊び方で遊ぶ。 ・積木を積む。 ・積木を並べる。 ・積木同士を打ちつける。 ・床の上を転がす。 ・板の上に積木を並べる。 ・積木の上に板を置き、その上に積木を積む。 ○自分の使った積木や板を片づける。	・「先生がこれからすることをよく見ていてね。」と言い、保育者がこれからすることに注目させる。 ・保育者が板と長い積木で斜面を作り、その斜面の上で円柱の積木を転がして見せ「みんなもコロコロ転がすことができるかな」と投げかけ、興味を持って取り組めるようにする。 ・一人ひとりの用具が準備してあることを伝え、自分の使う用具と遊ぶ場所がどこかを示す。 ・適切な空間で一人ひとりの活動が十分できるように、また転がした積木が取り合いにならないように転がす方向を考慮する。 ・転がす以外の遊び方をしている場合でも、子どもの遊びを見守り、遊びの区切りを見はからって、もう一度保育者が転がしてみせる。それでも興味が持てない場合は、子どもの興味に基づいた遊び方を尊重する。 ・子どもの転がす積木の選び方や転がし方を注意して見る。 ・物と関わって、いろいろに自分の働きかけを試して遊んでいる時には、保育者は介入しない。 ・危険な使い方をしている場合は、積木の扱い方を知らせる。 ・自分の使ったものをどこに片づければよいか、子どもにわかりやすく箱やケースに図で表示しておく。

第7章

てこの遊び

加藤承彦（国立成育医療研究センター）

1. はじめに

　一般に、赤ちゃんは受動的で無力な存在だと考えられがちですが、ピアジェによれば、とても能動的で知的好奇心に富んだ存在です。ピアジェ（Piaget, J., 1952）は次のような例をあげて、赤ちゃんが自ら積極的にまわりの人や物に働きかけながら知能を発達させていくことを明らかにしました。

　「毛布には手が届くが、その上にあるオモチャには手が届かないようにして、赤ちゃんの大好きなセルロイド製のアヒルを毛布の上に置きました。すると、赤ちゃんは初めは手を伸ばしても届かないのでアヒルをあきらめましたが、しばらくすると、まず毛布を引っ張ってたぐり寄せ、それから毛布の上にあるアヒルを取ることができました。赤ちゃんは手は直接オモチャには届かないが、毛布には届くので、毛布を引っ張ればオモチャを取ることができるという空間的な因果関係を自分で作り出したのです。」（p. 295）

　ピアジェは他にもたくさんの例をあげて、赤ちゃんが生まれたときから物や人に自ら働きかけることを通して、豊かな知識を作り上げることを実証しました。本章の「てこの遊び」は、そのようなピアジェの研究にヒントを得て実践されたものです。
　「てこの遊び」のおもしろさは、子どもたちの大好きな「シーソー」とよく似ています。すなわち、一方が上がれば他方が下がるという動き（関数、ファンクション）の楽しさがそれです。「シーソー」は子どもたちが屋外で友だち

と一緒に遊ぶものですが、私たちの「てこの遊び」は、年少児向けに一人ひとりの子どもが室内で遊べるように工夫したものです。まず、保育者は年少の1～3歳の子どもたちに次のようなてことお手玉を見せました（写真7-1）。それから、子どもの見ている前で、板の上に置いたお手玉を飛ばして見せることによってこの遊びを始めまし

写真7-1

た。1～3歳の子どもたちがどのようにお手玉を飛ばして遊んだか、発達的な観点から以下に3つの事例を紹介しましょう。

2. お手玉をとばして遊ぼう

（1）遊びの導入

　クラスの子どもたちを3人ずつぐらいのグループに分けて、交代して遊ぶことにしました。まず1人分の材料を子どもの前に出して、「今日はこれを使って遊ぼうね。○○ちゃんのはこれよ」とそれぞれの子の用具を示し、子どもたちが自由にそれらを使って遊べるようにしました。そして、子どもたちがいろいろなやり方（さわる、たたく、転がす、投げるなど）でこれらの物に働きかけた後、保育者は個々の子どもの目の前で図7-1のようなてこを作り、「これから先生がすることをよく見ていてね」と言って、お手玉を飛ばして見せました。そして「○○ちゃんも、先生みたいにお手玉を飛ばすことができるかしら？」と言って、てことお手玉を子どもの前に置きました。このように、まず保育者がやって見せて、それから子どもにまねをさせる（模倣させる）という導入法をとったのは、低年齢児の場合には、言葉だけのやり方よりも、実際の行為と言葉の両方で示すやり方のほうがわかりやすく、子どもが興味をもって遊べるからです。

（2） 準備物と環境構成

準備した素材や用具は、以下の通りです。

1） 素材や用具（1人分）

① 木製の板（12×60×厚み 0.5cm）1枚
② 棒（直径5×長さ30cm）1本
③ お手玉（6×6×6cm の布製、重さ30g）5個

2） 環境構成

　子どもの自由な活動が終わると保育者は、図7-1のようなてこを子どもの前で作って、お手玉を飛ばして見せます。支柱の位置は、図のように中央より少しずらした位置（6：4 または 7：3）になるようにします。

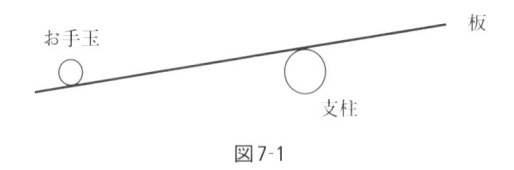

図7-1

3. 結果と考察

　子どもの"考える力"を育てることは、構成論の教育の最も大切な目標の1つです。"考える"というのは、"関係づける"という意味です。ピアジェによれば、年少の子どもは物や人に関わるとき、簡単な関係づけをすることから始めます。例えば、「鬼ごっこ」で鬼―子、追いかける―逃げるという関係づけをするのがそれです。また、「オーケストラの指揮者」で指揮者―子、動作を変える―動作をまねるという関係づけをするのもそれです。ピアジェ（Piaget, J., 1968/1977）は、このような子どもの関係づけを「ファンクション」（function）と呼びました。ファンクションとは、幼児期（前操作期、2～6歳頃）の子どもたちが"2つのモノの間に作り出す一方向の関係づけ"のことです。もちろん、幼児の作り出すファンクションという関係づけは、まだ単

純で応用のきかないものです。例えば、年少児が鬼ごっこで鬼になると、近くに捕まえやすい子がいるのに、ずっとある子だけを追いかけたり、オーケストラの指揮者で、子がずっと指揮者を見ながら指揮者の動作をまねるのがそれです（それでは誰が指揮者かを鬼に教えてしまうことになるのに！）。

しかし、これらのファンクションは子どもたちの論理的な思考の出発点になる重要なもので、いろいろな遊びや生活場面の中で見られます。「てこの遊び」の中でも、子どもたちは3つのファンクションを作り出し、上手にお手玉を飛ばすことができるようになりました。「てこの遊び」で子どもたちが作り出した3つのファンクションは、次の通りです。

①ファンクションⅠ：板を"たたく"と、板が"下がる"。
②ファンクションⅡ：上がっている方の板が"下がる"と、下がっている方の板が"上がる"。
③ファンクションⅢ：板が"上がる"と、お手玉が"飛ぶ"。

では、これらのファンクションという知的な関係づけを作り出すことによって、子どもたちがどのようにお手玉を飛ばすことができるようになったか、順を追って紹介しましょう。

（1） A児（1歳8か月、女児）：お手玉をとって板の上に置き、お手玉を直接たたく（ファンクションが作れない）。

A児は保育者がするようすを注意深くじっと見つめ、お手玉が上に飛ぶと、急いで自分もやってみようとしました。そして、保育者からお手玉をもらうと、お手玉を板の上に置きました。しかし、たたいたのは板ではなくお手玉でした。そこで、保育者は「どうやったらお手玉がポーンと飛ぶのかな？」と話しかけながら、何度か目の前でやってみせました。A児は保育者がするのを注意深く見ていましたが、自分がする時にはやはりお手玉をたたいてしまいました。このように、A児が板をたたこうとしないのは、お手玉を飛ばすためには直接お手玉に働きかけることが必要だと感じているからです。したがって、この段階の子どもは板をたたくと板が下がるという1番目のファンクションをまだ作っていないことがわかります。

(2) B児（2歳7か月、男児）：上がっている方の板をたたくが、いろいろな所にお手玉を置くので、お手玉を飛ばすことができない（ファンクションⅠだけを作る）。

　この段階の子どもの進歩は、お手玉ではなく板をたたくようになることです。また、時々お手玉を飛ばすことに成功することもあります。しかし、なぜ成功したかがわからないので、一貫して飛ばすことはできません。

　この段階の子どもには、上がっている方の板をたたくと板が下がるという関係、すなわち1番目のファンクションを作ることができるという点で、前の段階との明らかな進歩が見られます。ちなみに、この活動に参加した1歳から3歳の63人の子どもたちのうちで、ファンクションⅠを作った子は、1歳10か月から見られ始めました。しかし、この段階の子どもたちは、上がっている方の板をたたけばよいということはすぐに気づきましたが、どこにお手玉を置けばよいかに関してはあいまいでした。なぜなら、この段階の子どもたちは上がっている方の板をたたくと下がっている方の板が上がるので、お手玉は下がっている方の板の上に置かなければならないというファンクションⅡがまだ作れないからです。例えば、ある子は上がっている方の板をたたきましたが、お手玉も上がっている方の板においていました。また、他の子は板の真ん中にお手玉をおいて、上がっている方の板をたたきました。お手玉を置く位置がばらばらであるという事実は、この段階のかなりの数の子どもが、ひんぱんに板の真ん中あたりにお手玉を置いたことによっても証明されます。

写真7-2

(3) C児（3歳1か月、男児）：下がっている方の板にお手玉を置き、上がっている方の板をたたいて、お手玉を飛ばすことができる（3つのファンクションを作る）。

　この段階の子どもになると、板のどちらにお手玉を置けばよいか、板のどち

らをたたけばよいかを一緒に考え合わせて（関係づけて）、しだいにお手玉を下がっている方の板に置き、上がっている方の板をたたくことができるようになります。そして、上手にお手玉を空中に飛ばすことができるようになります。

　これらの行動は、この段階の特徴である3つのファンクションのすべてを子どもが作れるようになったことを意味しています。つまり、上がっている方の板をたたくと板が下がり（Ⅰ）、一方の板が下がると他方の板が上がり（Ⅱ）、板が上がればお手玉が飛ぶ（Ⅲ）という関係づけがそれです。

写真7-3

　ちなみに、この活動に参加した73人の子どもたちのうちで、3つのファンクションを作った子は、2歳児では5％、3歳児では65％でした。一方、4歳児になると、100％の子どもたちがすぐに3つのファンクションを作れるようになり、この活動に飽きてしまいました。このことは、保育者に次のような実践上のヒントを与えてくれます。すなわち、活動が子どもにとって難しすぎたら、子どもたちがいくら考えても関係づけを作り出すことはできないので、遊びへの興味を失ってしまうということです。反対に、やさしすぎたら考える必要がなくなるので、子どもはその活動に飽きてしまいます。したがって、その活動が子どもにとって簡単になった時には、保育者はその活動を少し難しくして、その子の考える力を深めるようにするのがよいでしょう。例えば、短い板から長い板に変えて、「天井に届くくらい高くお手玉を飛ばすことができますか？」といった提案をすれば、子どもたちはもっと興味をもって高く飛ばすための工夫をするようになるでしょう。もちろん、遊びは保育者に言われたからするのではなく、自分からしたいという欲求に根ざすものですから、どんな遊び方であっても、子どもが集中し楽しんで活動している時には、保育者は当然その子の活動を見守るべきです。

4. まとめ

　子どもたちは年少年中にかかわらず、最初に保育者がやって見せたお手玉を飛ばす活動に興味を持ちました。そして、進んで自分からやってみようと（模倣）しました。1歳8か月のA児は、保育者が下がっている方の板にお手玉を置き、上がっている方の板をたたくのをじっと見ていたにもかかわらず、板ではなく、お手玉をたたきました！一方、3歳1か月のC児は下がっている板の方にお手玉を置き、上がっている方の板をたたいて、難なくお手玉を飛ばすことができました。もちろん、保育者が最初にやって見せたデモンストレーションは、みんな同じでした。年齢に関わらず、興味深そうに保育者のすることを見ていたのも、みんな同じでした。もちろん、器用さといった運動能力にも、それほどの差はありません。にもかかわらず、子どもたちがやったことには、大きな違いがありました。一体その違いはどこからくるのでしょう？

　ピアジェ（Piaget, J., 1977）は、私たちはものごとを"目で見るのではなく、頭で見るのだ"と言いました。いいかえれば、その子が見たものは、その子の考える力によって解釈されたものであり、子どもたちはそれぞれの考える力の水準でしか、ものごとを見ることはできないのです。したがって、子どもたちが作り出した結果の違いは、一般によく言われる不器用（運動神経）だからでもなく、視力（知覚）によるものでもなく、注意力によるものでもなく、個々の子どもが頭の中で作り出した知的な関係づけの差によるものです。

　「てこの遊び」で言えば、例えば、B児のように、子どもが最初の知的関係づけであるファンクションⅠを作った時、子どもたちは初めて保育者が上がっている方の板をたたいているのを"見る"ことができるようになります。また、C児のように、子どもがファンクションⅠに加えて、ファンクションⅡとⅢを作った時には、保育者がお手玉を下がっている方の板に置き、上がっている方の板をたたくのを"見る"ことができるようになります。したがって、単に見たり聞いたりすることによって"模倣"できるようになるのではなく、子ども自身が見たり聞いたりしたことを知的に関係づけることによって模倣できるようになるのです。幼児だけでなく私たち大人もまた、ものごとを関係づけ

る能力が豊かになればなるほど、人や事物の本質をより深く見ることができるようになります。

　一般に、保育者はある活動がうまくできない子どもに対して、「よく先生のすることを見てみなさい」と言ってお手本を示します。しかし、本実践で明らかなように、模倣は"目でする"のではなく、"頭でする"のだということがわかれば、保育者はその子の知的な関係づけのレベルに合った課題を投げかけることができるようになります。そして、単に"よく見て"と言うのではなく、子どもたちがよく"考える"もしくは"関係づけを促す"ような言葉がけを工夫することができるようになります。

5.　ワンポイント Q & A

Q1.　「てこの遊び」は、何歳くらいから喜んでできますか？
A1.　実践例からもわかるように、ここで紹介した用具を使った遊び方は、満年齢で2歳頃から3歳頃の子どもに適した遊びといえます。

Q2.　3歳以上の子どもたちでも楽しめるようにするにはどんな工夫をしたらよいですか？
Q2.　まず最初の工夫は、板の長さをもっと長くすることです。そうすることによって、お手玉を1番高く飛ばすためには、板のどのあたりに支柱を置くのがよいか、お手玉を板のどこに置けばよいかといった思考の深まり、関係づけの深まりが期待できます。また、安全面に留意しながら、もっと長い1メートルくらいの板を使うと、手ではなく足でお手玉やスポンジボールを飛ばすことのできる活動になり、遊びはさらにダイナミックなものになります。さらに興味のある方は、『遊びの理論と実践』（カミイ、デブリーズ著、風媒社）の5章「ローラーで遊ぼう」を参照して下さい。

6. 指導案：1〜2歳児「お手玉をとばして遊ぼう」

発達的側面	〈情意的側面〉 ・お手玉を飛ばすために意欲的に物に働きかけることを楽しむ。 〈知的側面〉 ・下がった方の板の上にお手玉を置き、上がった方の板をたたくと物が飛ぶことに気づく。 ・力を入れてたたくと物が高く飛ぶことに気づく。 ・下がった方の板でもお手玉を置く位置によって飛ぶ高さが違うことに気づく。（3歳以上） 〈社会・道徳的側面〉 ・自分の遊んだ物を自分で片づける。

環境構成	子どもの活動	保育者の言葉かけと手だて
〈場所〉 保育室または遊戯室 ［材料］［材料］ ［材料］［材料］ ［材料］［材料］ 〈準備物〉（1人分） ・板1枚 （12cm×60cm×0.5cm） ・棒1本 （直径5cm、高さ30cm） ・お手玉1個 （6cm×6cm×6cm 重さ30g）	◎てこの遊びをする。 ○保育者の話を聞く。 ・「てこの遊び」をして遊ぶことを知る。 ・保育者がてこを作り、お手玉を飛ばすようすを見る。 ○所定の場所に行く。 ○棒と板でてこを作って遊ぶ。 ○お手玉を置く ・お手玉を上がっている方の板に置く。 ・お手玉を下がっている方の板に置くが、支柱の上など場所は不規則。 ・お手玉を下がっている方の板の端に置く。 ○板をたたく。 ・板をたたこうとしない。 ・お手玉の上をたたく。 ・下がっている方の板をたたく。 ・上がっている方の板をたたく。 ○右上がりの坂、左上がりの坂など、板の向きを変えて遊ぶ。 ○高く飛ばして遊ぶ。 ○自分の使ったお手玉や板や棒を片づける。	・「先生がこれからすることをよく見ていてね」と言い、これらかすることに興味を持たせる。 ・板と棒でてこを作り、お手玉をとばして見せ、「みんなもお手玉を飛ばすことができるかな」と投げかけ、興味をもって取り組めるようにする。 ・一人ひとりの材料が準備してあることを伝え、使う材料と遊ぶ場所がどこかを示す。 ・てこを作れない子には、保育者が作ってあげる。 ・適切なスペースをとり、一人ひとりの活動が十分できるように配慮する。 ・飛ばして遊ぶ以外の遊び方をしている場合でも、子どもの遊びを見守り、遊びの区切れを見はからって、もう一度保育者が跳ばしてみせる。それでも興味が持てない場合は、子どもの興味に基づいた遊び方を尊重する。 ・子どものお手玉の置く位置やたたく位置を注意して観察する。 ・子どもがいろいろに自分の働きかけを試して遊んでいる時には、介入しない。 ・危険な使い方をしている場合は注意する。 ・飛ばして遊べるようになった子には、てこの向きを変えて「これでも飛ばすことができるかな」、「もっと高く跳ばすことができるかな」といった新しい課題を投げかける。 ・自分の使ったものをどこに片づければよいか、子どもにわかりやすく箱やケースに図で表示しておく。

第8章

ドミノ倒し

山本直子（とみやまこども園）
尾崎恭子（元・アラバマ大学バーミンガム校）

1. はじめに

4章で述べられているように、物と関わる遊びには2つのタイプの遊び方があります。タイプⅠの遊び方では、保育者はまず子どもにドミノを見せて、「これを使ってどんな遊びができるかしら？」と投げかけ、それらを使って自由に遊ぶよう励まします。すると、子どもたちはドミノを積み上げたり、お家を作ったり、道路に見立てたりして遊びます。このようなタイプⅠの遊びを子どもたちが十分楽しんだら、次に保育者は子どもたち一人ひとりに15個ぐらいのドミノを与え、「ドミノを並べて次々と全部のドミノを倒すことができますか？」と投げかけてタイプⅡの遊び方を導入します。タイプⅡでは、子どもたちはまっすぐの道だけでなく、長い道や曲がった道（S字、U字）や分かれる道（Y字）なども作って倒そうとします。そこで本章では、3～5歳児が取り組んだタイプⅡの遊び方のいくつかを紹介することにしましょう。

写真8-1

2. ドミノを倒して遊ぼう

（1）遊びの導入

　保育者は以下に示すような用具を保育室に配置しました。そして、3歳児クラス（20人）の子どもたちの前で、保育者が並べたドミノを倒して見せた後、「今日はこんなふうにドミノを倒して遊びましょう」と投げかけました。すると、子どもたちはすぐに「ぼく、やりたい、わたしも！」と興味を示しました。そこで、保育室のスペースの関係から、2つのグループに分かれて順番に遊ぶことにしました。そして、保育者は子どもたち一人ひとりにドミノを渡して、それぞれの子どもが自分のアイディアでいろいろなドミノ列を作ってドミノ倒しができるようにしました。

（2）準備物と環境構成

1）準備物

①木製のドミノ（縦6.5cm、横3.2cm、幅1.6cm）
　　1人15～20個くらい（Q&A参照）
②空き箱（1人分のドミノが入る箱）

2）環境構成について

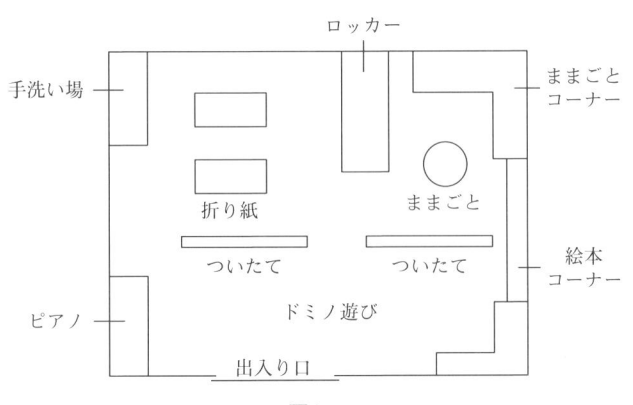

図8-1

初めてドミノ遊びを投げかける時は、一人ひとりが集中して遊びに取り組めるよう、できれば広い遊戯室のような場所で行うとよいでしょう。この場合、担任の保育者はドミノ倒しをするグループの子どもたちにつき、担任外の先生に残りのグループの子どもたちを保育してもらうのがよいでしょう。しかし、担任外の先生の配置が無理であれば、保育室で図8-1のように環境構成すれば、一斉の保育形態でも行うことができます。

（3）　実践事例1：直線のドミノ倒し
　まず子どもたちが直線のドミノの道をどのように作っていったか、その発達過程について3つの事例をあげましょう。そしてその後で、発達過程に即した保育者の言葉かけや手だてについて考察することにしましょう。
　1）　A児（3歳1か月、女児）：ピッタリくっつけて並べる。
　A児は隣のY児がドミノの間隔をあけて直線に並べ、一度に全部のドミノを倒すのを見ていました。そして、Y児と同じようにドミノを直線に並べていきました。A児は最初にドミノの間隔を少しあけて並べましたが、すぐに全体のドミノを両手ではさんで中央に寄せてぴったりくっつけました（図8-2）。それから、A児はaのドミノを指で軽く押しましたが、うまく倒れませんでした。そこで、A児は手でドミノ全体を押し倒してしまいました！

図8-2　横からみたA児のドミノ列

　A児はもう一度ドミノを並べ始めましたが、また前と同じように全部のドミノをくっつけて並べたので、うまくいきませんでした。そして「もうやめる」と言って活動を終えました。

〈考察〉
　A児のようにドミノをピッタリくっつけて並べるやり方は、初めてドミノ倒しをする時や年少の子どもによく見られる姿です。A児はY児がドミノとドミノの間に間隔をあけて並べているのを見ていました。そして、Y児が端のドミノを押すと次々とドミノが倒れるのも見ていました。にもかかわらず、自分が並べた時には、ドミノとドミノの間に間隔をあけていませんでした。

なぜなら、A児にはまだ前のドミノが倒れ込んで次のドミノが倒れるという物理的な関係づけと、そのためには前のドミノと次のドミノの間に一定の間隔をあけなければならないという空間的な関係づけができなかったからです。それが、A児がY児のドミノ列を見ていたのに、実際にはY児のように間隔をあけて並べることができなかった理由です。

2） B児（3歳8か月、男児）：おおざっぱにドミノの間隔をあける。

B児はドミノとドミノとの間隔をあけましたが、その間隔はおおざっぱで、b-c、d-e、f-g、そしてh-iの間隔は、ドミノの長さ（高さ）よりも広い間隔でした（図8-3）。B児は並べ終えると、軽くaのドミノを押しましたが、最初の5つのドミノだけが倒れ、cの手前で止まりました。B児は「あれ？」という表情をして、cのドミノを手で押すと次の3つのドミノだけが倒れました。そのあと、B児はドミノが途中で止まるたびにe、g、iのドミノを手で押し、やっと全部のドミノを倒しました。

次に、B児は自分から「まだやりたい」と言い、並べ直しました。しかし、また同じようにおおざっぱに間隔をあけて並べたので、ドミノは途中で何回も止まってしまいました。B児は「あれ？」という表情で、止まった所のドミノを手で押して全部倒しました。それからまた「もう1回やってみよう」と言ってドミノを並べましたが、前回と同じ結果でした。

図8-3　横から見たB児のドミノ列

〈考察〉

B児はA児と違って、ドミノが倒れるためにはドミノとドミノの間に間隔が必要だという関係づけをしています。しかし、ドミノが次のドミノに当たって次々と倒れるためには、どのくらいの間隔をあければよいのかについてはあいまいです。すなわち、B児はまだドミノ間の距離（幅）とドミノの長さ（高さ）との関係づけをしていないのです。

3） C児（4歳5か月、女児）：全部のドミノを等間隔に並べる。

　C児は全部のドミノの間に等しい間隔をあけました（図8-4）。しかも、C児はその間隔をドミノの長さ（高さ）よりも少しだけ狭くして並べました。そして、C児はドミノを倒す時、端のドミノを指先で軽く押すだけで一度に全部のドミノを倒すことができました。

図8-4　横から見たC児のドミノ列

〈考察〉

　A児はドミノの間隔をあけないでぴったりくっつけました。B児は間隔をあけなければならないということはわかっていましたが、その間隔はおおざっぱでした。一方、C児はドミノの高さとドミノ間の距離とを空間的に関係づけて、前のドミノが次のドミノに当たって倒れる"ちょうどよい間隔"を作り出すことができました。

4）　A児、B児、C児に対する保育者の言葉かけ

　次にA児、B児、C児の活動から示唆される2つの指導上のポイントについて述べることにしましょう。

　まず第1のポイントは、保育者が子どもにドミノの並べ方を教えないことです。例えば、A児のような場合、保育者は「間隔をあけて並べないと倒れないよ」と説明したり、「こんなふうに並べたら倒れるよ」とやり方を教えることがよくあります。しかし、この活動の目的は、ドミノがうまく倒せるようになることではありません。構成論における大切な指導上の原則は、子どもたちに自分で"考える"よう励ますことです。というのは、知識は子どもが自分で考えることによって内部から構成されるからです。

　第2のポイントは、子どもがドミノ列をうまく倒せない時、活動を続けるかやめるかは子どもに決めさせなければならないということです。もしある子がその課題に意欲的であれば、たとえうまく倒れなくても活動をやめさせるべき

ではありません。一方、子どもがその課題に興味をもっていない時やその課題が子どもの発達を超えていることがわかった時には、保育者はその活動をやめて他の遊びをするようすすめることができます。

　A児の例では、2回とも倒せなかった時、「もうやめる」と言ったことからもわかるように、彼女にはこの課題は難しすぎたと言えます。そのような時、保育者はA児にドミノ遊びを続けさせるよりも、別の遊びをさせる方がよいのです。というのは、A児がドミノをしたいという動機づけ（興味）が高くなった時には、もう一度この課題に自分から挑戦するようになるに違いないからです。一方、B児はうまく全部のドミノを倒すことはできませんでしたが、「まだやりたい」と言ったことからもわかるように、自分のやった結果に満足していませんでした。そして、どうにかして全部のドミノを倒したいという意欲に満ちていました。このような時、保育者はB児が望むような結果が達成できるようこの遊びを続けさせるべきです。というのは、興味をもってある課題に挑戦している時、子どもは最もよく"考える"からです。また、C児のようにその課題が簡単すぎるようになった時には、「曲がった道や階段の道を作って倒すことができるかしら？」といったもっとチャレンジングな課題を提案してみるのもよいでしょう。

（4）実践事例2：U字のドミノ倒し

　ここでは、直線より難しいU字のドミノ倒しをした子どもたちの例を紹介しましょう。

　保育者はそれぞれの子どもたちに20個のドミノを渡しました。それからU字の図形版（図8-5）を子どもたちに見せながら、「こんなふうに曲りくねった道を作って、こっちのドミノから最後のドミノまで全部倒すことができるかしら？」と言いました。すると、子どもたちは興味深そうに図版のU字を見つめて、さっそくドミノを並べ始めました。そこでまず、D児とE児とF児の3人の子どもたちがU字のドミノの道をどのように作っていったか、その過程について考察し、その後で、D児の例を挙げて、保育者の言葉かけや手だてについて考えてみることにしましょう。

図8-5　U字図版

1) D児（4歳0か月、女児）：3つの直線に並べる。

　D児はまずA列のドミノをまっすぐに並べ、次にB列のドミノをA列のドミノに対して横向きに並べました。それから、C列のドミノをB列のドミノに対して同じように横向きに並べました。その結果、D児のドミノは図8-6のように、3つの直列をくっつけたコの字型になりました。そして、D児はA列の端のドミノを指で押しましたが、A列だけが倒れ、B列とC列は倒れませんでした。

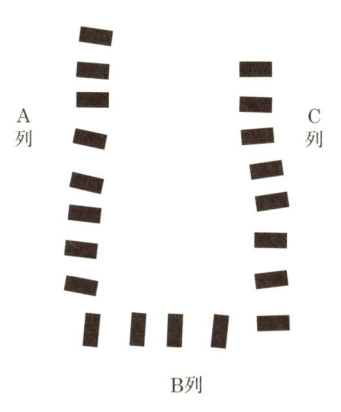

図8-6　上から見たD児のドミノ列

〈考察〉

　図8-6で示したように、D児は1つのつながったU字ではなく、3つの直列のドミノを作ったにすぎません。D児はA列しか倒れなかったのを見て、もう一度3つの列を並べ直しましたが、また前と同じようにコの字型になりました。このことは、D児がまだカーブを作れないので全体をU字にすることができないことを意味しています。それが3つの直列を作る結果になったと考えられます。

2) E児（4歳7か月、男児）：1つの曲線と1つの直線に並べる。

　E児はA列を並べたあと、bとcとのドミノをA列に対して横向きに置きました。しかし、図8-7のように、すぐにbとcのドミノを少し斜めにして、A列とB列のコーナーのドミノがカーブになるように並べ直しました。にもかかわらず、C列のドミノは直列に並べてしまいました。それから、E児は

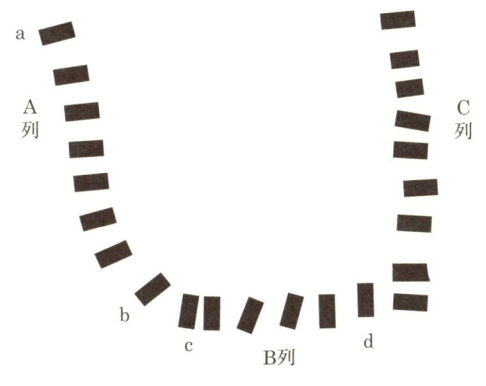

図8-7　上から見たE児のドミノ列

aのドミノを軽く指で押しました。すると、a〜dまでのドミノは全部倒れましたが、C列が倒れなかったのを見て、「あれっ？」という顔をしました。

〈考察〉

前のD児とE児の間には、次のような違いが見られます。1つめは、3つの直列のラインではなく、A列とB列のコーナーのドミノに注目して、これらのドミノを斜めの向きにしていることです。その結果、E児はA列とB列を1つの曲線にすることができ、a〜dのドミノを全部倒すことができました。しかし、C列のドミノは倒すことができませんでした。

U字にするためには2つのカーブを作らなければなりませんが、E児の関係づけはまだ部分的であり、さらにいったんまっすぐに置いた後でドミノを斜めに並べ直したことからもわかるように、E児のU字列はまだ試行錯誤によるものであることを示しています。

3) F児（5歳0か月、女児）：1つのつながったU字列を作る。

F児は①のドミノから④のドミノまでまっすぐに並べると、⑤〜⑧の4つのドミノはきれいなカーブにして、⑨からのドミノ列につなげました。それからまた、⑨〜⑫のドミノは緩やかな直線のラインに並べると、⑬〜⑮のドミノを再びカーブにして、⑯からの直線のドミノにつなげていきました。その結果、図8-8のようなきれいなU字のドミノ列ができあがりました。そして、A児は端のドミノを指先で軽く押し、全部のドミノを一度に倒すことができました。

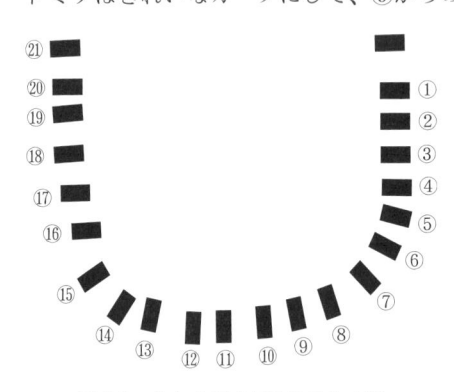

図8-8　上から見たF児のドミノ列

〈考察〉

F児にはE児とは違う次のような進歩が見られます。まずF児はカーブを作る時、E児の試行錯誤による作り方とは違って、ドミノが倒れる方向は倒され

るドミノが向いている方向であるという空間的関係づけを作り出していることです。そして、角度を調整（系列化）して各ドミノの向きを少しずつ斜めにしコーナーのドミノを緩やかなカーブにしていることです。それが、F児が2つのカーブを作り全体をきれいなU字にすることができた理由だと考えられます。

4）G児（4歳0か月、男児）に対する保育者の言葉かけ

ここでは、U字の道を作る場面で、G児に対して保育者が行った言葉かけについて考えてみましょう。

G児はU字の道を作ろうとしましたが、はじめはカーブの部分が直角のコの字型になりました。当然、1つの列しか倒れません。そこで、保育者は「どうやったら角のドミノが次の列のドミノに当たるかな？」とG児に問いかけました。すると、G児は「もっとドミノを近づけたらいい」と言って、A列全体の間隔をつめてB列に近づけました（図8-9）。しかし、それでも全部倒れません。

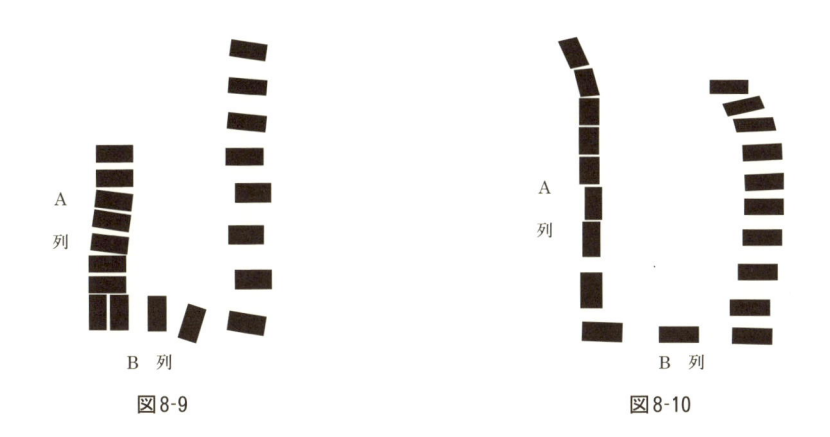

図8-9　　　　　　　　　　図8-10

そこで、G児はこれまでとは違って、図8-10のようにドミノを横向きに並べました。そして、端のドミノを指で押しましたが、ドミノ列は横に移動するだけで倒れませんでした。しかし、保育者が「まだやってみたい？今度は全部のドミノが倒れるように並べられるかもしれないよ」という問いかけに、G児は「うん、する」と言って、ドミノの向きを縦向きにしたり横向きにしたり、何度も何度も並べ方を変えて遊びました。結局、G児はU字のドミノ列を作る

ことはできませんでしたが、30分以上も集中して遊び続けました。

〈考察〉

　G児の例は、辛抱強く考え続ける子どもの例です。こういった態度は性格にもよりますが、U字の道を作るという課題がその子の発達課題に合っているからです。そういう点から、保育者の「どうやったら角のドミノが次の列のドミノに当たるかな？」という問いかけは、並べ方を教えずに、子どもが考えることを励ましているという意味で、よい言葉かけの例だと言えます。

　また、情意的な側面からは、G児が失敗した時に、「今度は全部のドミノが倒れるように並べられるかもしれないよ」と言って、G児の活動を温かく励ましたのもよかったと思います。

3. まとめ

　最後に、ドミノ倒しを通して学んだ2つの大切なポイントについて述べましょう。まず1つめのポイントは、直列やU字列における子どもの活動でわかるように、知識は子どもが興味をもって"考える"時に発達するということです。また、G児の例は、その遊びが子どもの発達に合っているなら、結果がうまくいく時だけでなく、うまくいかない時でも、子どもは一生懸命に考えるということです。

　2つめのポイントは、"遊び"を通して、子どもたちはいろいろな関係づけをしてたくさんの知識を作り上げるということです。例えば、子どもがドミノの高さとドミノ間の距離とを関係づけた時には、前のドミノが次のドミノに当たって倒れる"ちょうどよい間隔"を作ることができます。子どもがドミノが倒れる

写真8-2

方向は倒されるドミノが向いている方向であるという関係を作り出した時には、2つの列をカーブにすることができます。また、コーナーの角度を系列化した時には、少しずつコーナーにあるドミノの向きを変えてなめらかなカーブを作ることができます。このように、子どもたちはドミノ倒しを通して、考える力の基礎となるたくさんの知識を発達させているのです。

4. ワンポイントQ＆A

Q1. どんなドミノをいくつ用意したらよいですか？
A1. 市販されているドミノは、多くがプラスチック製でサイズも小さいため、並べてもすぐ倒れてしまったり、直そうとして指先がちょっと当たっただけで全部倒れるなど、小さい子には扱いにくい難点があります。ですから、幼児のためには、縦6.5cm、横3.2cm、幅1.6cmくらいの木製のドミノが適しています。またドミノの個数は、最初は15～20個くらいにして、一人ひとりが自分用のドミノで遊べるようにします。子どもたちの遊びが深まって、もっとたくさんのドミノをつなげて遊びたいというようになったら、数を増やしていって下さい。

Q2. ドミノ倒しに長い時間夢中になって遊ぶ子がいます。しかし、次のグループと交代の時間になっています。どのように対処したらよいですか？
A2. 集中して遊べるということは、遊びがその子どもの発達課題に合っており、子どもがその遊びの中でよく考えていることの表われでもありますから、可能な限り遊ばせてあげてください。しかし、集団生活にはいろいろな制約もあるので、遊びを中断させなければならない場合には、その子の気持ちを受け入れながら、後でまた遊べることや、順番がきて他のお友達が待っていることを伝えるのがよいでしょう。また、中断するときには、「はい、ここでやめなさい」と一方的に言うのではなく、「もう少ししたら、お友だちと交代する時間ですよ」と言って、前もって遊びの終わる時間を伝えておくのもよい方法だと思います。

5. 指導案：3〜5歳児「ドミノを倒して遊ぼう」

発達的側面	〈情意的側面〉 ・ドミノを並べて倒す達成感を味わう。 〈知的側面〉 ・ドミノの間隔をどれくらいあけたらよいか、角度をどのくらいにすればよいか考える。 ・直列だけでなく、U字の道やY字の道、階段の道などのいろいろなドミノの道を考え出す。 〈社会・道徳的側面〉 ・自分の使った用具など、責任を持って片付ける。		
環境構成	子どもの活動	保育者の言葉かけと手だて
〈場所〉 保育室 手洗い場　ロッカー　ままごとコーナー 折り紙　ままごと ついたて　ついたて　絵本コーナー ピアノ　ドミノ遊び 出入り口	○保育者の話を聞く。 ・ドミノを使ってドミノ倒しをすることを聞く。 ・実際に保育者が並べて倒すところを見る。 ・活動の順番を決める。	・保育者が実際にドミノを並べて倒してみせ、活動に対して意欲を持たせる。 ・待っている子が、集中できる遊び環境を準備しておく。 ・各自の遊ぶスペースが十分にとれるようにする。
〈準備物〉 ・ドミノ積木 　1人20個 ・空き箱 ・予備のドミノ	○ドミノの道を作る。 ①直列 ・すべてのドミノ積木をつけて並べる。 ・ドミノの間隔がドミノの高さより広く並べる。 ②S字、U字列 ・曲がる部分のドミノを並べる。 ・ドミノの角度を次のドミノに当たるように変える。 ③Y字列 ・分岐する部分のドミノを並べる。 ○ドミノを倒す。 ・倒れない。 ・一度では倒れず、何回か押すと倒れていく。 ・すべて倒れる。 ○修正をする。 ・倒れなかった原因を見つけてドミノを並べなおす。 ○片付けをして交代する。	・集中して遊んでいる時はできるだけ介入せず、見守る。 ・活動が停滞しているような時には介入する。 ・ドミノをもっと使いたい子には予備のドミノを必要な数だけ渡す。 ・使ったものを分類して片づけるように促す。

第9章

ターゲットボール

コンスタンス・カミイ（アラバマ大学バーミンガム校名誉教授）
橋本祐子（関西学院大学）訳

1. はじめに

「ターゲットボール」は、空き箱や空き缶などの身近にある廃材を積み上げてマトを作り、それにボールを当てて倒す遊びです。ターゲットボールはバランスをとりながら倒れないように廃材を積み上げていくことと、それをマトにしてボールを当てて倒すという2つの活動が一緒になった物と関わる遊びです。いいかえれば、子どもたちの大好きな積木遊びとマト当てが組み合わさった遊びだと言えます。

2. ターゲットボールをして遊ぼう

（1） 遊びの導入

保育者は4章の遊びの導入方法にしたがって、タイプⅡの「マトを作って、それにボールを当てて倒すことができますか」という遊び方を導入しました。保育者はまた、導入時の指導上の原則の2番目にしたがって、一人ひとりが自分のマトを作って遊ぶ並行的な遊び方から始めることにしました。4章で述べたように、物と関わる遊びは、子どもたちが協同的に遊ぶこともできますが、必ず協同して遊ばなければならないというものではありません。

まず保育者は、すべての材料を保育室の広いスペースに準備しておきました。そして、お集まりの時間の終わりに、「ボールでマトを倒す遊びをしたい人

はいますか?」と呼びかけました。この呼びかけに集まったのは、次の4人の子どもたちです。

　　サンディ　（3歳8か月）　女児
　　ジャック　（3歳6か月）　男児
　　ジョン　　（4歳5か月）　男児
　　ボビー　　（3歳10か月）男児

　保育者はまず、床の上に置いてある以下のような材料を子どもたちに見せました。そして、子どもたちにボールを1個ずつ渡し、「じゃあ、どうやって遊ぶか話し合いましょう」と言いました。保育者は子どもたちと半円形に座ると、「ここにたくさんの缶やブロックがありますね。好きな物を好きなだけ使っていいですよ。そして、このボールでその缶やブロックを倒す遊びをしましょう。好きなだけ材料をここに（広い空間を指して）もってきて、ボールを投げて倒してみましょう」と促しました。

(2)　準備物と環境構成

　保育者が用意した材料（4人分）は次の通りです。（写真9-1参照）
①ボール4個（片手で持てるくらいの大きさのボール）
②大き目の空き缶35個ぐらい
③厚いボール紙の円筒35本ぐらい
④牛乳パックで作ったブロック（牛乳パックの上部を切り取り、2つを一緒に組み合わせて作ったブロック）35個ぐらい

3.　実践事例

　保育者が呼びかけると、サンディがすぐに「私、かんたんに倒せるわ!」と言いました。そこで、保育者は「あなたがかんたんに倒せると思う並べ方で並べてみましょう」と言って、それぞれの子どもがマトを作る場所を割り当てました（図9-1）。子どもたちがマトにする物を選び始めると、保育者は「どれが使いたいか考えてね。いくつでも好きなだけもっていっていいですよ」と言っ

て、その後は黙って床に座り、子どもたちがすることを観察しました。子どもたちの活動は約30分間続きました。以下に、それぞれの子どもがどのように遊んだかを紹介しましょう。

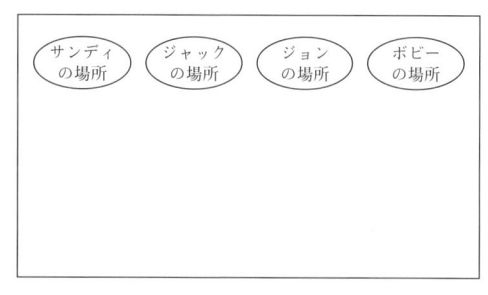

```
┌─────────────────────────────────────┐
│  ╱サンディ╲ ╱ジャック╲ ╱ジョン ╲ ╱ボビー ╲  │
│  ╲の場所 ╱ ╲の場所 ╱ ╲の場所╱ ╲の場所╱  │
│                                     │
│                                     │
│                                     │
│                                     │
└─────────────────────────────────────┘
```

図9-1

（1） サンディ（3歳8か月、女児）の事例

サンディは円筒を2つ取って歩きまわると、円筒をもとに戻し、牛乳パックのブロック1個と取り替えました。そして、ブロックをほとんど壁にくっつくぐらいに置きました。それから、ブロックをもう1個もってきてその横に並べました。サンディは腕を振って、「1、2、3」と言いながらボールをマトに向かって投げましたが、ボールはブロックの上を越えて壁に当たりました。そのボールを拾いに行ったサンディは、ジョンがブロックの上に缶をのせているのを見ました。サンディは自分もジョンのようにやってみることにし、缶と円筒を1個ずつ取ってきて、隣り合っているブロックの上に1個ずつ置きました。そして、1メートルぐらい離れた所からボールを投げると、円筒が倒れました。次に、ボールを床にバウンドさせて投げましたが、ボールは缶に当たりませんでした。もう一度投げると、缶に当たりましたが、力が弱くて落ちませんでした。そこで、サンディは缶を自分の手でたたき落としました。次にまたボールを投げましたが、はずれました。サンディはブロックの所に行って、ブロックの上でボールを弾ませましたが、ブロックは壁にくっつくぐらいに置いてあったので、ぐらっと動いただけで倒れませんでした。サンディはそのことを保育者に話しに行き、またブロックの所に戻りました。今度は手に持ったボールで、力まかせにたたいてブロックを倒しました。次に、サンディは缶と円筒をもとの場所に返し、代わりにブロックをもう2個もってくると、壁から離れた場所にブロックを縦に4つ積み上げました。サンディが近い距離から下手投げでボールを投げると、4段重ねのブロックはガラガラとくずれ落ちました。「やったね、サンディ！」と保育者は大きな声で言いました。

〈考察〉

このように遊び方を細かく決めない保育者のやり方は、この年齢の子どもたちに合っていました。子どもたちはそれぞれに違った遊び方をしました。例えば、サンディは自分自身で次のような比較（関係づけ）をしました。

①マトを壁にくっつけて置いた時と、壁から離して置いた時とではどう違うか。
②マトがブロック1つだけの時と、その上に缶や円筒を重ねた時とではどう違うか。
③ボールを投げて倒す時と、手に持ったボールでたたいて倒す時とではどう違うか。

さらに、サンディはたくさんの缶やブロックや円筒をもってきて、長い時間をかけて写真9-1のマトを作りました。サンディは一番上の缶の上にもう1つブロックをのせようとしましたが、安定せずに落ちてしまいました。サンディは何回もやってみて、やっと落ちないのせ方を見つけました。

サンディは今度は1メートルぐらい離れた所からボールを投げましたが、はずれました。しかし、2度目は1番下のブロック以外は全部くずれ落ちました。そして、もう一度マトを作り直しながら、「私のマトはすごく倒しやすいのよ」と保育者に言いました。「なぜ倒しやすいの？」と保育者が尋ねると、「だって、ブロックで作ってあるから」とサンディは答えました。

写真9-1

〈考察〉

これは「なぜ」という質問が、子どもには難しすぎてわからない例です。保育者の質問は、子どもの考えを深めることに役立ちませんでした。保育者は「なぜ」という質問よりも、「どうやったら倒しやすくなるの？」と尋ねる方が

よかったでしょう。そうすれば、サンディは「高く積み上げたらいいよ」といった説明をしたかもしれません。

　それから、サンディは長い時間をかけてまた写真9-1と同じようなマトを作りました。サンディが「見て！」と言ったその時、ジャックの投げたボールが飛んできて、サンディが作ったマトのほとんどが倒れてしまいました。サンディは文句も言わずにマトを作り直し、そのほかにもいくつかの新しいマトを作りました。時々バランスをとるのに苦労しましたが、サンディは毎回自分の作ったマトに満足し、近い距離からボールを投げたり手にもったボールでたたいたりしてマトを倒しました。
　保育者はサンディにもっと難しい課題にチャレンジさせたいと思って、「サンディ、あなたの背の高さくらいのマトを作れるかしら？」と言いました。するとサンディはすぐに「ノー！」と答えました。

〈考察〉
　保育者はサンディが自律的に「ノー」と言ったことをうれしく思いました。サンディは自分が作っているものについて「これでいい」（これぐらいなら自分にできる）という判断を自分自身でしています。このことは、保育者の提案がサンディが自信をもってできる範囲を超えたものであったことを意味しています。

　ジャックがサンディの身体の動きを見てまねをしていたので、サンディは慎重に腕を振り上げて、手にもったボールでマトの中ほどを力一杯たたいて倒しました。サンディはマトをもう一度作ろうとしましたが、ジョンがボールを探しているのを手伝うために途中でやめてしまいました。それから、サンディは別のマトをもう1つ作り始め、横で見ていたジャックに「手伝って」と頼みました。

写真9-2

90　第Ⅱ部　実践編

ジャックと一緒に写真9-2のようにマトを積み重ねた後、サンディがその上にもう1個ブロックを置くと、マトは全部崩れてしまいました。その後、「昼食の時間になるので、あと5分したら片付けましょう」という保育者の言葉で、この活動は終了しました。

（2）ジャック（3歳6か月、男児）の事例

ジャックは約30分間ずっと1個の缶と1個のボールで遊んでいました。図9-2はジャックが投げた64回の記録を図にしたものです。ジャックはまず、缶

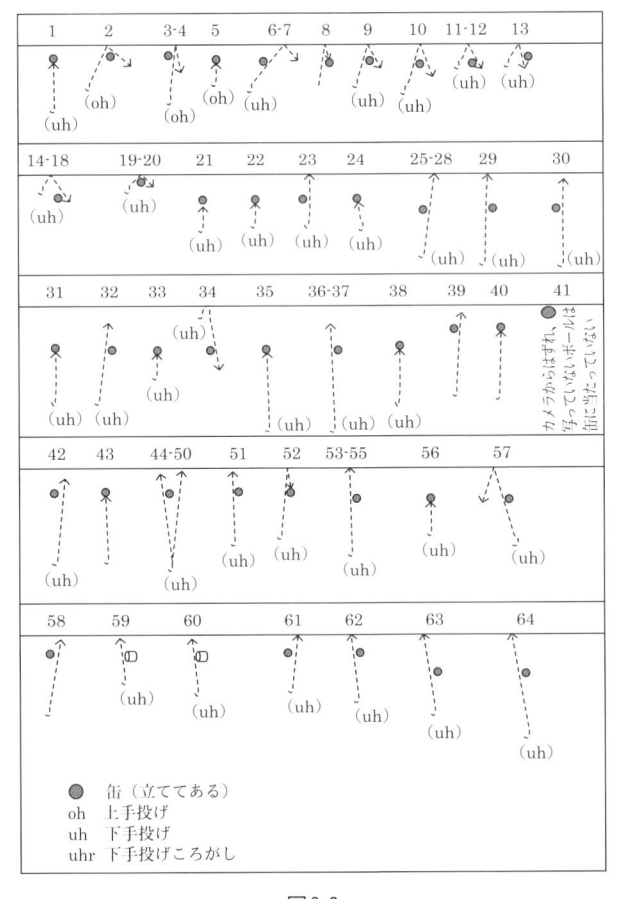

●　缶（立ててある）
oh　上手投げ
uh　下手投げ
uhr　下手投げころがし

図9-2

からの距離をいろいろ変えました。8投目には、壁に当たって跳ね返ってきたボールが、偶然に缶に当たりました。9投目からは、8投目で起こったことを再現しようとしましたが、うまくいかないので20投目であきらめました。21投目からは、注意深くねらって直接ボールをマトに当てようとしましたが、時々しかうまくいきませんでした。ジャックの集中力は長く続きましたが、興味がなくなると、サンディの所に行ってしまいました。

（3） ジョン（4歳5か月、男児）の事例

　ジョンの遊び方は、サンディと似ているので簡単に述べます。ジョンはまず、苦心して自分の場所まで一度に5個の缶を運びました。それができるだけでも大したものです！次にジョンは、缶をもう3個とブロックを2個運んできて、写真9-3のように並べました。そして、3メートルくらい離れて立つと、マトに向かってボールを投げたり転がしたりしましたが、いつもはずれてしまいました。そこで、ジョンはマトに近づいて、並べたマトが全部倒れるまでボールを投げ続けました。

　ジョンが2回目に作ったマトは、3段重ねのものです。ジョンはそれから

写真9-3

だんだんマトを高くしていきました。ジョンはずっとマトづくりに熱中していました。そして、作ったマトを全部倒してから、次の新しいマト作りに取りかかりました。

（4） ボビー（3歳10か月、男児）の事例

　ボビーは、ジョンが最初に作ったマト（写真9-3）とよく似た横並びのマト（写真9-4）を作りました。ボビーはあまり運動能力が発達していないので、

16回投げてやっとマトを全部倒すことができました。最初に、ボビーは「ぼくのを見て！ぼくのを見て！」と大きな声で言ってから、ぎこちなく体をひねってボールを投げました。ボールはバウンドしてマトの後ろに落ちてしまいました。ボビーはボールを取りに行き、もう一度投げましたがマトに当たりませんでした。次に、ボビーはマトに近づいてボールを投げました。すると、横一列に並べたマトの真ん中の缶が1個だけ倒れました。次に2回失敗した後、やっと2個の缶を一度に倒すことができました。その次に、ボビーは慎重にねらいをつけて腕を振り、手に持ったボールでたたいて缶を倒しました。今度は、少し後ろに下がってボールを投げましたが、大きくはずれてしまいました。ボビーは合計16回投げ、ようやくマトを全部倒すことができました。

写真9-4　　　　　　　　　　　　　　写真9-5

　それから、ボビーは3段重ねのマト（写真9-5）を作りました。遠くからねらってはずれると、マトに近づいて投げました。しかし、またはずれたのでとうとう「用意！スタート！それ！」と大声で言いながら、手に持ったボールでマトを次々にたたいて全部倒しました。次に、ボビーはブロックの上に缶を1個のせ、「先生、いくよ！」と言って、マトのすぐ近くから「それ！」と叫んでボールを投げました。缶が落ちると、ボビーは床を転げまわって喜びました。それから、ボビーは小さなマトをいくつか作り、「用意！スタート！それ！」と言いながら、手に持ったボールで、並べたマトを1つずつ力まかせにたたき

落としていきました。そこで、保育者は「ボールを手に持ったままでなく、投げて倒してみたら？」と言いました。すると、ボビーはブロックの上に缶と円筒を並べて置き、その周りを囲むように缶をいくつか並べました。マトの近くからボールを投げると、缶が1個倒れました。「やった、やった！」とボビーはうれしそうに叫びました。すると今度は、手に持ったボールで「それ！それ！それ！」と叫びながら、残りのマトをたたいて倒していきました。この活動の終り頃、ボビーは写真9-4に似た2段重ねのマトを作りました。そこで、保育者は離れた所からボールを投げさせようとして、「ボビー、すてきなマトができましたね。ここまで下がって（約2メートル）、ここからマトが倒せるかな？」と言いました。ボビーは保育者が言った所まで下がり、ボールを投げましたが、1個しか缶を倒せませんでした。結局、ボビーは「それ！それ！それ！」と言いながら、手に持ったボールで残りのマトをたたいて倒しました。

〈考察〉

　保育者はこの活動を振り返って、ボビーの自律性の発達を妨げるという点から、自分の介入がよくなかったことに気づきました。ボビーは運動能力がまだ十分に発達していないので、ボールを投げるよりも、手に持ったボールでマトをたたいたのです。また、ボビーはボールがマトに当たらなかったのを見た時、マトに近づいて倒そうとしました。このように、ボビーは自分で考えたやり方をしていたのですが、保育者は手に持ったボールでたたくのではなく、ボールを投げて倒すことや、マトの近くよりもマトの離れた所からねらうことを押しつけてしまったのです。

4.　まとめ

　やり方を細かく決めないこのような遊び方は、3〜4歳の子どもたちにピッタリのものでした。いろいろなマトを作る時、子どもたちは空間的、時間的関係づけをしました。また子どもたちは、初めは手当たりしだいにマトにするも

のを選んでいましたが、すぐに大きくて安定したものと、簡単に倒れるものとを分類しました。さらに、ボールを投げる時、子どもたちはマトとの距離や投げる力を系列化しながら遊びました。

　ターゲットボールは、それぞれの子どもが自分のやり方で遊べるという点でもよい活動でした。サンディとジョンは保育者が予想したような遊び方をしましたが、ジャックの遊び方には驚かされました。ジャックは缶を1つだけ使っていろいろな空間的関係づけをしたのです。さらに、ターゲットボールは、（特にボビーのような子どもにとって）子どもの運動能力の発達を促す点でもよい活動でした。また、保育者の考えに左右されずにボビーが自分の考えで横並びのマトや背の低いマトを作ったり、ボールの投げ方やマトの倒し方を決めたことを通して、保育者はどのように関われば子どもたちの自律性を育てることができるのかについて学ぶことができました。

　今回のターゲットボールは並行的な遊び方でしたが、それでも、子ども同士のやりとりがたくさん見られました。他の子のマトをまねて同じような積み方や並べ方をしたり、他の子のマトに缶を1～2個足したりしたのがそれです。そういった点から、ターゲットボールは子どもたちが一緒に協力して遊べる活動でもあることがわかります。

5. 指導案：3～4歳児「ターゲットボールをして遊ぼう」

発達的側面	〈情意的側面〉 ・自分のアイデアをいろいろ試し意欲的に活動する。 ・うまくマトを倒せたときの達成感を味わう。 ・思うように当たらなかったり困ったときなど、自分で気持ちのコントロールをする。 〈知的側面〉 ・ボールをマトに当てるためにはどうすればよいか、ボールの持ち方、投げる方向、マトとの距離などについて考え、いろいろに工夫する。 ・マトを高く積むためにはどうすればよいか、積む物の大きさや形や種類と重ねる順番、置き方について考える。 ・たくさん倒すためには、どのように並べたり、積んだりすればよいか考える。 ・倒れたマトの数を数えたり、比べたりする。 〈社会・道徳的側面〉 ・トラブルが起きたときなど自分の思っていることを話したり、友だちの話しを聞く。 ・友だちとアイデアを共有したり、手伝ったりする。 ・自分で使った物は責任を持って片付ける。

第9章　ターゲットボール　95

環境構成	乳幼児の活動	保育者の言葉かけと手だて
〈場所〉 保育室または遊戯室 パターンブロック　絵 プチブロック 〈準備物〉 ※1人に1セットずつ用意する (缶) ・ミルク缶(大) 2個 ・缶詰(中) 2個 ・果物缶(小) 2個 ・ジュース(スチール缶) 2個 (積木) ・直方体2個 ・立方体2個 ・三角形2個 (その他) ・ティッシュの箱2個 (2個を1つにくっつけた物) ・ボール1人2個 (直径9cm・14cm)	○保育者の話を聞き、今日の活動を知る。 ・「ターゲットボール」をすることを聞く。 ・1回目にするか2回目にするかを知る。 ・待っているグループの子どもは遊びを選ぶ。 (パターンブロック・レゴ・絵本) ○遊ぶ場所へそれぞれ移動する。 ○マトを作る。 ・1つだけ置く。 ・横一列、集めていくつか並べる。 ・横一列、集めてたくさん並べる。 ・2個ずつ積む。 ・高くたくさん積む。 ○マトを倒す。 ・ボールを手に持って倒す。 ・手で倒す。 ・ボールを転がして倒す。 ・ボールを投げて倒す。 ○友だちのマトの作り方やボールの投げ方を見たりして、アイディア交換をする。 ○倒れたマトの数を数えたり、友だちと比べたりする。 ○片付ける。 ・自分のかごに使ったものを片付ける。	・2つのグループに分かれて順番にすること、後のグループも必ず後からできることを伝える。 ・待っているグループは何の遊びをするかを伝え、自分でやりたい遊びを選ぶよう促す。 ・子どもたちで集中して遊べる活動を準備しておく。 ・子どもたちに「ここにあるものを使ってマトを作って、それを倒すことができるかな?」と投げかけて遊びを始める。 ・子どもたちがどのようにしてマトを作るかを見守る。 ・友だちの作ったマトを倒そうとする子には、「それは○○ちゃんが作ってるから、○○ちゃんもここに自分のマトを作ってごらん。倒すことができるかな?」と、自分で作ってみることを励ます。 ・「どのように缶を積んだり並べたりしたらたくさん倒れるかな?」とマトの作り方を工夫するよう促す。 ・「ボールをどこに当てたらたくさん倒れるかな?」と言葉かけして、ボールの持ち方や投げる方向、投げ方を考えるよう促す。 ・同じ遊び方がずっと続いて停滞するようであれば、「一度にもっとたくさん倒すことができるかな?」「もっと遠くから倒すことができるかな?」と投げかけて、新しい課題に挑戦することを励ます。 ・「○○ちゃんはあんなふうにマトを作っているけどどうやって作ったのかしら?」など言葉かけして、友だちのやり方を見たり興味がもてるようにする。 ・「何個倒れたかな?」「お友だちとどっちがたくさん倒れたかな?」など数について考えたり友だちと比べたりして、たくさん倒すための並べ方や投げ方について考える機会を持つよう言葉かけをする。 ・素材が足りないようであればいつでも足すことができるよう準備しておく。 ・物や場所の取り合いなどのトラブルが起きたときには、子ども同士でお互いに納得のいく解決ができるよう援助する。 ・分類して片づけられるように、箱を分けておく。 ・自分が使ったものを責任もって片付けるよう促す。

第10章

空き箱自動車作り

長廣真理子（ひかりこども園）
見平和美（ひかりこども園）

1. はじめに

　製作活動はどこの保育所や幼稚園でも取り組まれている活動です。本章で取り上げた空き箱を利用した自動車作りも、4〜5歳児でよく見られる活動の1つですが、一般に行われている空き箱自動車作りは形や色など、見た目にできばえのよい自動車を作ることがよい活動と見なされています。

　しかし、構成論における「空き箱自動車作り」は、「物と関わる遊び」として位置づけられており、子どもたちがどのようにひごやタイヤをつけたら動く車ができるのか考え、工夫し、試しながら"考える力"を豊かにしていくことをねらいとしています。子どもたちはまた、できあがった車が動くかどうかを確かめ、うまく動かなかったらどこに問題があるかを自分自身で解決しようとします。さらに、子どもたちはできあがった自動車を友だちと比べたり、アイディアを交換しあったりしながら、友だちとの関わりを深めていきます。そこで以下に、3〜5歳児が取り組んだ実践の一部をレポートすることにしましょう。

写真10-1

2. 走る自動車を作ろう

（1） 遊びの導入

　保育者は3歳児クラス16人の子どもたちに、保育者が作った空き箱自動車を走らせて見せ、「みんなも走る自動車を作ってみない？」と投げかけました。すると、子どもたちはすぐに「ぼくも作りたい、わたしも！」と興味を示しました。そこで、子どもたちは8人ずつに分かれ、Aグループが先に自動車作りをし、Bグループは保育室のコーナーでパターンブロックかレゴのどちらかを自分で選んで遊ぶことにしました。そして、20分ぐらいしたら交代して、Bグループも自動車作りをすることにしました。

　保育者は8人の子どもたち一人ひとりに必要な素材や用具を与えて、それぞれの子が自分なりの自動車を作れるようにしました。準備した素材や用具は、以下の通りです。なお、保育者が子どもに見せたサンプルの自動車は、子どもが活動を始めると同時に、子どもの目にふれないところに片付けました。というのは、子どもたちに自分なりのアイディアで自動車を作ってほしかったからです。

（2） 準備物と環境構成
1） 素材や用具
①タイヤ（直径3.5cmのものを1人4個ぐらい）

　タイヤはフィルムケースのキャップや牛乳ビンのふたを利用することができますが、厚みがないのでうまく回転しません。そこで、市販のゴム製のタイヤを使用することにしました。市販のゴム製のタイヤは安定がよく、つけはずしも簡単でよく走ります。タイヤは3〜4種類の大きさがありますが、直径3.5cmのものが一番よいでしょう。（Q＆A参照）

②ひご（12cmと30cmを1人2本ずつぐらい）

　市販されている竹ひごは30cmほどの長さで、3歳児が切るのは硬くて無理です。そこで、3歳児の場合には、牛乳パックの幅にタイヤの厚みを加えた長さ（12cm）に切った竹ひごを用意しました。5歳児の場合には、子ども

が長さを考えて切って使えるよう30cmのものを用意しました。
③牛乳パック（3×15cmの天窓をあけたものを1人2箱ぐらい）
　自動車の車体には牛乳パックやティッシュの空き箱やお菓子の箱など、いろいろな空き箱が利用できます。中でも牛乳パックは手に入りやすく、箱がしっかりしているので穴をあけやすい利点があります。しかし、中は見えないので、穴をあけるときに左右の位置の見当がつかなかったり、穴に竹ひごを通すことが困難になります。そこで、あらかじめ保育者が天窓をあけたものを用意しました（図10-1）。天窓の大きさは、大きすぎると牛乳パックが弱くなってしまうし、小さすぎると中が見えにくいので、3×15cmにしました。

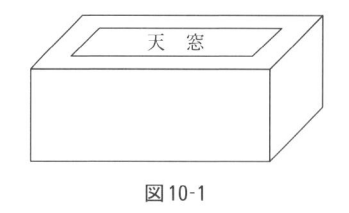

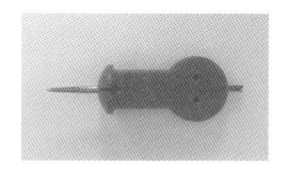

図10-1　　　　　　　写真10-2

④コンカル（目打ち）1人に1本ずつ
　市販されている目打ちは、一般に針の部分が4〜5cmもあり、幼児が使うには危険です。そこで、私たちはコンカルを使うことにしました（写真10-2）。コンカルの針の部分は1.5cmぐらいの長さなので安全で、3歳児でも自分で穴をあけられます。（Q＆A参照）
⑤セロテープ（2人に1台ずつ）
⑥はさみ（1人に1本ずつ）

2）　環境構成
①斜面台（4人で1台ずつ）
　車ができあがったら動くかどうかを試せるように、斜面台を用意しておきます。斜面台は畳1畳分の厚手のベニヤ板と台で作るか（図10-2）、乳児用の机の一方をたたんで使います。斜面の角度は30度ぐらいです。

②作業台（4人で1台ずつ）
③コンカルの台（1台）
　安全のために、子どもが作業する台とは別に、コンカルを使う台を用意します。（指導案の環境構成参照）

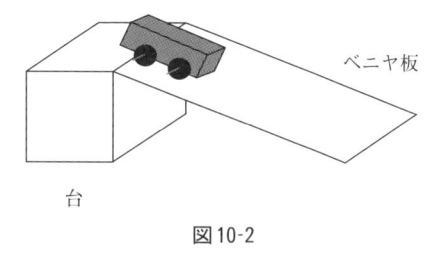

ベニヤ板
台
図10-2

（3）　実践事例1
　最初に、子どもたちがタイヤとひごと空き箱（車体）をどのように関係づけて走る車を作れるようになったか紹介しましょう。

1）　A児（3歳0か月、男児）とB児（3歳5か月、女児）：
　　　タイヤの回らない自動車
　保育者の話が終わると、A児とB児は先を争って牛乳パックを取りに行きました。A児はタイヤを1つとると、牛乳パックの上に置いて、セロテープで直接貼りつけました。そして、2つめのタイヤも同じようにセロテープで牛乳パックに貼りつけました。さらに、牛乳パックをひっくり返して、反対側にも同じようにタイヤを貼りつけました。
（図10-3）

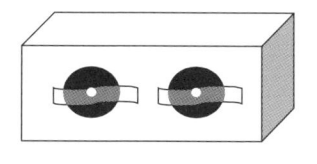

図10-3

　作り終わると、A児はニコニコしながら斜面台へ行きました。そして、斜面に自動車を置きましたが、自動車は動きません。そこで、A児は自動車の後ろを手で押しながら斜面の下まで走らせました。そして、うれしそうにまた斜面の上に持って行き、自動車の後ろを手で押しながら斜面の下まで走らせました。
　B児は他の子がコンカルで牛乳パックに穴をあけているのを見て、自分も同じように牛乳パックに穴をあけ始めました。しかも、牛乳パックの表面にところかまわず、いくつも穴をあけました。しかし、せっかくあけた穴にはひごを通さず、竹ひごの両端にタイヤをつけると、それをそのまま牛乳パックの上にセロテープで貼りつけました。（図10-4）
　作り終わると、B児もA児と同じように斜面の上に自動車を置きました。し

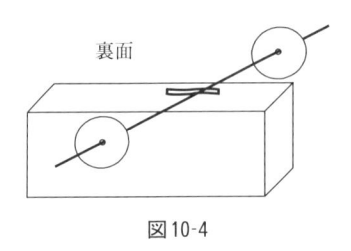

図10-4

かし、自動車は動きません。B児は「あれ？」という顔をして、動かない原因が斜面にあるかのように隣の斜面台に持って行きました。そして、同じように斜面の上に置きましたが、やっぱり走りません。

〈考察〉

　A児が牛乳パックの横にタイヤを貼りつけたのは、車にはタイヤが必要だということと、タイヤは車体の横についているということを知っているからです。しかし、タイヤとひごと車体をどのように関係づけたら、タイヤが回って車が動くかということはわかっていないので、タイヤを車体に直接貼りつけたわけです。

　B児もタイヤが回るから車が動くという関係づけをしていません。つまり、ひごを使っても直接車体に貼りつけると、ひごは回らないのでタイヤも回らないということに気づいていないのです。したがって、たくさんあけた穴もひごを通すためのものではなかったことがわかります。このように、子どもたちは目に見える自動車の形を真似ることはできますが、走るメカニズムについてはまだわかっていないのです。

　2）　C児（4歳0か月、男児）：どうしたら走る車が作れるかな？

　C児はコンカルで牛乳パックの左側の中央に穴を1つあけ（図10-5）、反対側にも同じぐらいの位置に穴を1つあけました。そして、竹ひごの両端にタイヤを1つずつつけました（図10-6）。次に、タイヤのついた竹ひごを牛乳パックの穴に通そうとしました。「あっ、だめだ！」C児は急いでタイヤをはずし、"先に"ひごを穴に通してから、"その後で"ひごにタイヤをつけました（図10-7）。

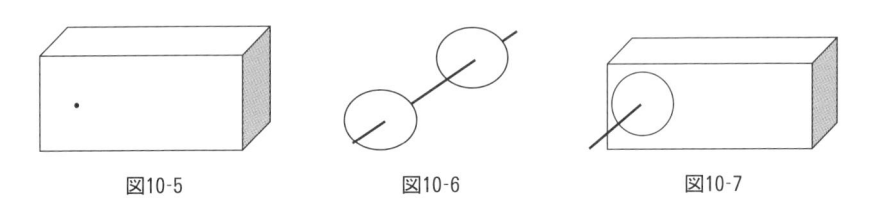

図10-5　　　　　図10-6　　　　　図10-7

図10-8　　　　　　　　　　　図10-9

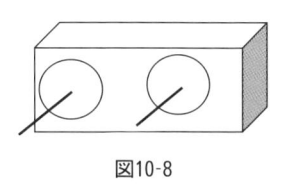

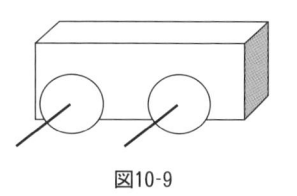

　それから、後輪用の穴をあけ、今度は先に竹ひごを通してからタイヤをつけました（図10-8）。
　C児はできあがった車をうれしそうに斜面台で走らせようとしました。ところが、車は全く動きません。「どうしてかな？」というような顔をしながら、C児はタイヤを見ました。「あっ、タイヤが床についてない！」C児は急いでタイヤと竹ひごを取りはずし、最初にあけた穴より1cmぐらい下の方に穴をあけました。それから竹ひごを通し、タイヤをつけて（図10-9）、斜面台で走らせました。車は勢いよく走りました。C児は「やったー！」と飛び跳ねて喜びました。

〈考察〉
　ここでは、C児が作り出した時間的関係づけと空間的関係づけについて考察しましょう。時間的関係づけというのは、箱に穴をあけること、穴にひごを通すこと、ひごにタイヤをつけること、という3つの行為を時間的に順序づけることです。C児は最初に箱に穴をあけましたが、先にひごにタイヤをつけてしまったので、穴にひごを通すことはできませんでした。
　なぜC児がこのようなやり方をしたのかというと、C児は穴にひごを通すことと、ひごにタイヤをつけることとを別々に考えていたからです。ですから、先にタイヤをつけたらひごを穴に通すことはできないということに気づいたのは、ひごを穴に通そうとした時でした。一方、後輪をつけるときに成功したのは、C児が最初の失敗を通して穴にひごを通すこととひごにタイヤをつけることとを同時に考え合わせることができたからです。
　空間的関係づけというのは、タイヤが回って車が走るためには、箱のどの位置（床にタイヤがつく高さ）に穴をあけたらよいかということです。C児が最初に作った車は、牛乳パックの中央に穴があいていたので、タイヤが床にとど

かず動きませんでした（図10-8）。なぜなら、C児は箱に穴をあける時にはタイヤを箱につけることだけを考えており、箱のどの位置にひごを通したらタイヤが床にとどくかまでは考えていなかったからです。

そして、C児が図10-9のような動く車を作れるようになったのは、"下の方に穴をあけないとタイヤが床にとどかない"という空間的な関係づけと、"最初に穴をあけてひごを通し、その後でひごにタイヤを取りつける"という時間的な関係づけとを同時に考え合わせることができるようになったからです。

3） D児（5歳0か月、男児）：どうしたらひごをまっすぐに通せるかな？

D児は牛乳パックに穴を1カ所あけ、天窓からのぞき込んで反対側に穴をあけました。そして、竹ひごを通しましたが、図10-10のように斜めになりました。D児は「まっすぐじゃあない！」と言って、竹ひごを抜きました。もう1回同じように天窓からのぞき込みながら穴をあけ、竹ひごを通しました。「まだ、まっすぐじゃあない！」と言って、また竹ひごを抜きました。このようにして、D児は2回目も失敗しました。しかし、3回目には、一方の穴から竹ひごを通し、反対側に突き当たるところまで押し込みました（図10-11）。そして、すぐには穴をあけず、天窓を利用して竹ひごが牛乳パックの上端の線と平行になるように調整しました。それから、突き当たったところのふくらみにコンカルで穴をあけました（図10-12）。D児は「まっすぐになった！」と言って、後輪も同じ方法で穴をあけ、2本ともひごを平行に通すことができました。

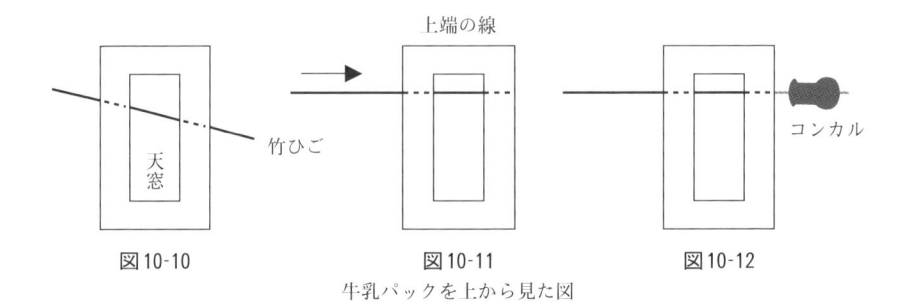

図10-10　図10-11　図10-12
牛乳パックを上から見た図

〈考察〉
　D児は左の穴と右の穴をまっすぐにしなければならないということはわかっていますが、図10-10のように斜めになってしまいました。なぜなら、目測にたよっているからです。しかし、最後にはその方法に明らかな進歩が見られました。すなわち、D児は左側の穴をあけると、すぐにその穴にひごを通しました。それから、天窓から見ながらひごを動かして、ひごの線が箱の上端の線と平行になるように調節しました。このことは、D児が箱の上端の線を"基準"にすれば、ひごをまっすぐ（平行）にすることができるという新しい空間的関係づけを作り出したことを意味しています。

　4）　まとめ
　以上の事例と考察から、2つの重要な点を強調したいと思います。1点目は、空き箱自動車作りにはいろいろな発達の側面が関係していることです。例えば、穴をあけた後、"先に"ひごを通してからタイヤをつけるというのは時間的知識、穴を"どの位置"にあけたらひごにつけたタイヤが床にとどくかというのは空間的知識、箱でなくひごにタイヤをつけるからタイヤが回転して車が走るというのは物理的知識です。2点目は、これらの3つの側面は初めはバラバラに発達していきますが、徐々に3つの側面が同時に関わり合いながら、より高いレベルへと発達していくということです。

（4）　実践事例 2
　ここでは保育者がいつ、どのような言葉かけや手だてをしたらよいのかについて考えてみましょう。
　1）　E児（3歳0か月、男児）：タイヤを直接牛乳パックに貼りつけている場面
　子どもたちは毎日飽きることなく空き箱自動車作りを楽しんでいます。E児も「空き箱自動車作りをしよう」と保育者が呼びかけると、大喜びでやってきます。1日目、E児は牛乳パックに直接タイヤを貼りつけました。当然、車は走りません。2日目も同じです。
　3日目、保育者はE児がそろそろタイヤを竹ひごにつけるようになるかなと期待しながら、E児の作り方を見ていました。しかし、E児はまた牛乳パック

にタイヤを貼りつけています。ここで保育者は、竹ひごを穴に通してからタイヤをつけるよう言うべきかどうか迷いましたが、もうしばらくようすを見ることにしました。E児は牛乳パックにタイヤを貼りつけた車を斜面台に持って行き、車の後ろを押しながら斜面を滑らせました。下まで車が滑り下りると、E児はまた上に持って来て、何度も何度も同じことを繰り返して"喜んで"います。それを見た保育者は、E児の活動を引き続き見守っていくことにしました。

〈考察〉

3日間も同じ活動をしているのに進歩が見られないと、保育者はよく"何らかの手だてをしないといけない"と思いがちです。そして、子どものまちがいを指摘したり、正しいやり方を教えたりします。例えば、この場面では、タイヤを箱に貼りつけたのでは動かないことを指摘して、竹ひごを通してタイヤをつけるように教えるのがそれです。そして、子どもが竹ひごにタイヤをつけるようになると、保育者は安心します。

ところが、構成論の視点から見ると、それには次のような問題点があります。まずタイヤを直接貼りつけたら車が動かないというのは物理的知識なので、保育者が教えることはできないということです。ここでは子どもが作って試す経験を何度も繰り返すことによって、"子ども自身が発見する"のを待つほかないのです。そういう点から、ここでのE児は自分の作り方に満足しているのですから、保育者が"待つことにした"のはとてもよかったと思います。子ども自身が興味をもって自動車作りに取り組んでいれば、いつかE児も押さなくても走る車を作れるようになるはずです。自分自身が満足しなくなった時に初めて、子どもは新しい方法を考え出すことができるようになるのです。

写真10-3

2） F児（5歳11か月、男児）とG児（5歳5か月、男児）：
車軸が曲がった車で競争している場面

　F児は車（図10-13）を作り終わると、G児に「車ができたら競争しよう」と誘いました。「いいよ」とG児は返事をすると、急いで車を完成させました。G児の車は急いで作ったので、前輪と後輪がねじれています（図10-14）。2人は斜面台に行って隣同士に車を並べ、「レディー・ゴー！」と合図して手を離しました。F児の車はまっすぐ走っていきましたが、G児の車は途中で曲がってしまいました。「ヤッター！ぼくの方が遠くまで走ったよ」とF児は大喜びです。負けたG児は「もう一回競争しよう」と言って、斜面台でF児を待っています。それを見ていた保育者は、もう一回やってもG児が負けるに決まっているので、「G君、G君の車（図10-14）はなぜまっすぐ走らないの？」と言葉かけし、車軸が曲がっていることに気づかせようとしました。しかし、G児はキョトンとした顔をして、保育者の言葉かけには答えず、またF児と競争しました。

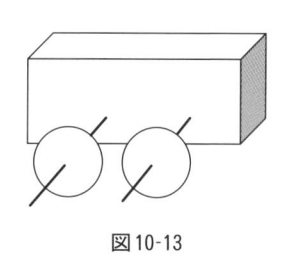

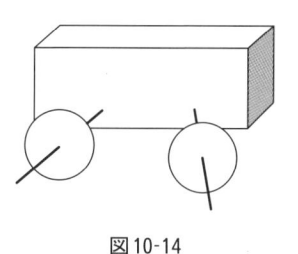

図10-13　　　　　　　　図10-14

〈考察〉
　F児の自動車は前輪と後輪が平行なのでよく走りますが、G児の自動車は平行ではないのでよく走りません。そこで、保育者は原因が車軸にあることに気づかせようとして、"なぜ"Gくんの車はまっすぐ走らないの？という質問をしました。しかし、G児は何も答えませんでした。というのは、保育者の質問にどう答えてよいかわからなかったからです。
　保育者がよくする質問には、"なぜ"という理由（原因）を問う質問と、"どうやったら"という方法を問う質問があります。一般に、幼児には"なぜ"と

いう質問は難しすぎます。というのは、この質問は"原因"を言葉で説明することを求めており、しかも、原因を説明することは大人でさえ難しいことだからです。それに、"なぜ～できないの"という質問は、"否定的"な方向の質問です。

一方"どうやったら"という質問は、言葉よりも行為で答えることを求めており、しかも、方法を説明することは子どもでもできることです。それに、"どうやったら～できる"という質問は、"肯定的"な方向の質問です。肯定的な問いかけは、否定的な問いかけよりも、子どもにとって心地よいものであることは言うまでもありません。そのような意味で、保育者は"なぜ"という質問を避け、"どうやったら"という質問をすべきでした。すなわち、"どうやったら車がまっすぐ走るようになる？"とか、"どこを直したら走るようになる？"とか、"どういうふうにひごをつけたらまっすぐに走るのかしら？"といった質問がそれです。

3. ワンポイントQ&A

Q1. 作った車はどうするのですか？
A1. お道具箱の上や棚の上など、子どもたちの見える場所に置いてあげましょう。そうすれば、子どもたちは自分の自動車を誇りに思うだけでなく、友だちの作った自動車にも興味をひかれます。また、次回に自分の車を棚の上からとって修正することもできます。名前カードを作っておくと、他の人と区別できて便利です。

Q2. コンカルやタイヤはどこで売っているのですか？
A2. コンカルは、ホームセンターでコンクリート用目打ちとして売られています。値段は3本で600円ほどです。ゴム製のタイヤは「ひかりのくに社」で、「ピカソ模型用タイヤ」として売られています。値段は1個90円ほどです。

4. 指導案：3〜5歳児「走る自動車を作ろう」

<table>
<tr><td rowspan="2">発達的側面</td><td colspan="2">〈情意的側面〉
・車を作り上げる達成感を味わう。
・最後までやりとげる認耐力や集中力を養う。
〈知的側面〉
・走る車を作るためには何が必要か考える。
・タイヤが回って車が動くことに気づく。
・箱に穴をあけるときに、どの位置に、いくつ穴をあけたらよいか考える。
・タイヤをつけるとき、ひごとタイヤと穴をどの順番に組んでいけばよいか考える。
・道具の名前や使い方を知る。
〈社会・道徳的側面〉
・みんなで使う道具を友達と一緒に使えるようになる。
・自分の使った用具など、責任を持って片付ける。</td></tr>
<tr></tr>
<tr><td>環境構成</td><td>子どもの活動</td><td>保育者の言葉かけと手だて</td></tr>
<tr><td>〈場所〉
保育室又は遊戯室

［斜面台］
［斜面台］
［机］［机］［コンカル］

〈作業をする机〉
・セロテープ
・はさみ
・牛乳パック
　（天窓 3×15cm をあけたもの）
・ゴムタイヤ（直径 3.5cm）
・ひご（12cm と 30cm）

〈穴あけ用の机〉
・コンカル

〈斜面台〉
・乳児用机の脚を片方折りたたんだもの
　（または、ベニヤ板と台で作った斜面台）</td><td>◎空き箱自動車作りをする。
○保育者の話を聞く。
・空き箱を使って走る自動車を作る事を聞く。

○道具について話し合う。
・名前
・使う場所
・使い方
・片付け方

○活動の場所に移動する。

○車を作る。
・タイヤを直接箱につける。
・タイヤをつけた竹ひごを直接箱につける。

○穴をあける。
・箱に適当に穴をたくさんあける。
・箱の 1 面だけ穴をあける。
・箱の上の方に穴をあける。
・箱の真ん中ぐらいに穴をあける。
・箱の下の方に穴をあける。</td><td>・保育者が作った車を子どもたちの前で走らせて、「走る車を作りましょう」と投げかけて、活動に対して意欲を持たせる。活動し始めたら保育者の車は片付ける。
・特にコンカルについては、「車に穴をあけたい人がいれば、このコンカルを使ってあけてもいいですよ。でもね、これは危ない物だから、必ずここ（所定の場所）で使いましょう。絶対人に向けないようにね。使い終わったら（コンカルを片付ける箱を見せて）ここに片付けてね」と、安全に留意するように話す。
・待っている子が、活動のじゃまにならないような遊び環境を準備しておく。
・各自の作業スペースが十分にとれるように作業台の人数に配慮する。
・どんな車を作っていても、作っている時はできるだけ介入せず、見守る。
・危険な時やどうしたらいいか困ったり、活動が停滞しているようなときには介入する。
・コンカルの使い方、片付け方に留意し、子どもが望んだときには穴をあけてあげる。
・走らない車を作っている子でも、その車が走らないという結果に気づくまでは、危険がない限りは見守るようにする。</td></tr>
</table>

	○竹ひごを通す。 ・箱の幅より長いひご（30cm）を通す。 ・箱の幅にあった長さのひご（12cm）を通す。 ・1カ所だけ通す。 ・2カ所通す。 ・2本のひごが斜めになっている。 ・2本のひごが平行になっている。 ○タイヤをはめる。 ・箱にタイヤがくっつくようにひごにはめる。 ・箱とタイヤとの間にかなり隙間を作ってひごにはめる。 ・箱とタイヤとの間に少し隙間を作ってひごにはめる。 ○斜面台で車を走らせる。 ・走らない。 ・走るがカーブする。 ・まっすぐ走るが、速度が遅く距離が短い。 ・まっすぐ速く走る。 ○修正をする。 ○片付けをする。 ○交代する。	・「どうしたら走るようになるかな？」と言葉をかけ、走らない原因（穴の位置、ひごの長さ、タイヤのつけ方等）について考えたり、修正することを励ます。 ・カーブしたり、速度が遅くちょっとしか走らない車で満足している子には、「○○ちゃんと競争してみたら」「先生の車と競争してみよう」「（ゴールラインを引いたり、目標となるトンネルなどを置いて）ここまで走るかな？」と他の車と比べたり、目標を持たせることで、もっとよく走る車を作るために考えることを励ます。 ・20分ぐらいを目安に交代することを告げる。 ・作りかけでも次回また作り直せることを話し、車を片付ける場所を知らせる。

第11章

クーゲルバーン

向川祐子（みどりこども園）
加藤泰彦（元・アラバマ大学客員教授）

1. はじめに

　クーゲルバーンは、下図のような溝のついたスロープ積木や穴あき積木を使ってビー玉の転がる道を作る遊びです。クーゲルバーンは世界各国の子どもたちがとても喜んで遊ぶ遊具ですが、その面白さは、子どもたちが自分でアイディアを考えていろいろな道を作ることができるところにあります。また、道を作る過程で自分の考えをいろいろに試したり、ビー玉がうまく転がらないときには、どうすれば転がるようになるかを考えて修正することもできます。もちろん、そこでは集中力や自分で作った道をビー玉が転がったときの達成感も養われます。

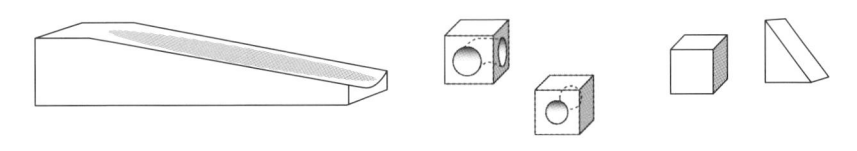

図11-1

　クーゲルバーンには2つのタイプの遊び方があります。タイプⅠの遊び方は、スロープ積木、穴あき積木、立方体と三角柱の積木、ビー玉を用意し、「ここにある物を使って遊びましょう。どんなことができるかしら？」と保育者が呼びかけることによって始まります。すると、子どもたちはいろいろな積木を並べたり、高く積んだり、自動車やロケットに見立てたり、ビー玉を転がしたりして遊びます。

写真11-1

次に、保育者は子どもたちがタイプⅠの遊びを十分に経験した頃を見はからって、「今度はビー玉の転がる道を作ることができるかしら？」と投げかけて、タイプⅡの遊び方を導入します。すると、子どもたちはスロープ積木をつないでビー玉を転がしたり、たくさんのスロープ積木を使って長い道を作ったり、穴あき積木を使って曲がる道を作ったりします。そこで、本章では4歳児が取り組んだタイプⅡの実践についてレポートすることにしましょう。

2. ビー玉が転がる道を作ろう

（1） 遊びの導入

保育者は2グループに分けた4歳児クラス（18人）の子どもたちに表11-1に示すような用具を見せて、「今日はここにあるものを使ってビー玉が転がる道を作って遊びましょう。どんな道ができるかな？」と投げかけました。

（2） 準備物と環境構成
1） 1人分の用具（表11-1）
2） 用具を選ぶ時のポイント

a. スロープ積木と穴あき積木

表11-1の①～④のスロープ積木と穴あき積木は市販されているものを使います。（Q&Aを参照）

b. ビー玉

ふつうは小さいビー玉を使いますが、大きいビー玉（直径2.5cm）を用意してみるのもおもしろいと思います。小さいビー玉とはスピードや加速力も違

表11-1

	用具 (サイズ)	形	個数		用具 (サイズ)	形	個数
①	スロープ積木 短 (16×4×4cm)		2	⑤	ビー玉 (直径1.5cm)		2
②	スロープ積木 長 (32×4×4cm)		3	⑥	土台にする 積木 (5×5×5cm)		15
③	穴あき積木 (真っ直ぐの穴) (4×4×4cm)		2	⑦	積木(三角柱) ※タイプⅠの 遊びのときだ け準備する		2
④	穴あき積木 (曲がった穴) (4×4×4cm)		3				

※土台にする⑥の積木については、3～4本のスロープを作れるようになってきたら高さが5×5×10cmや5×5×20cmの積木を使ってもよい。

うので、子どもたちはその違いを比べてみようとします。

c. 土台にする積木

表11-1の⑥の積木は、子どもたちが道を作る時の土台として使います。子どもたちは初めは必要以上にたくさんの数の土台をほしがるので、十分な数を準備しておきます。

d. 三角柱の積木

タイプⅠの遊び方の場合にのみ準備する三角柱の積木は、子どもたちがいろいろなものに見立てたり、高く積んだりして遊ぶことができます。タイプⅡの遊び方では準備しません。

e. クーゲルバーンの補充

子どもたちが長い道や複雑な道を作り出すためにクーゲルバーンが不足するようであれば、いくつか補充してあげます。

(3) 実践事例1

最初に、子どもたちがどんな道を作ったか紹介し、その後でビー玉の転がる道を作るために子どもたちがどんな関係づけをしたかについて考察しましょう。

1） A児（4歳2か月、男児）：あれっ、ビー玉が止まっちゃう！

　保育者の導入が終わると、A児はすぐに座り込んで道を作り始めました。まず、図11-2のように、スロープ積木だけを選んで同じ向きに1列に並べました。A児は全部の積木を並べ終わると、よーしとばかりにビー玉を左端のスロープ積木の上に置きました。ビー玉はスロープを転がりましたが、1本目を転がり降りたところで止まってしまいました。すると、A児は"あれ？"という顔をしながらビー玉を持ち、2番目のスロープも転がしてみました。そして、止まるたびにビー玉を持って次のスロープを転がしました。

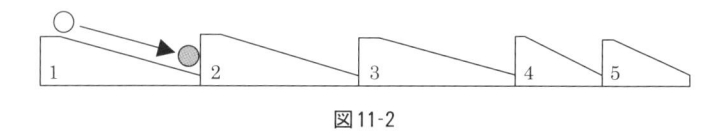

図11-2

　しばらくの間、A児はビー玉が止まるたびに、同じことを繰り返していました。しかしある時、思いついたように、図11-2の2のスロープ積木の向きを図11-3のように反対に変えました。すると、今度はビー玉は1のスロープ積木の下で止まらずに、2のスロープ積木へと転がりました。しかし、ビー玉は2のスロープ積木の上までくると、1のスロープ積木の方へ逆戻りしてしまいました。A児は何とかして全部のスロープ積木をビー玉が転がるようにしようとしましたが、A児にできたのはビー玉が1から2へ転がることと、3から4へ転がることだけでした。

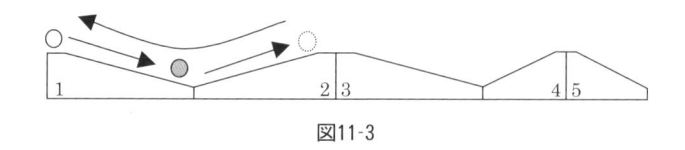

図11-3

〈考察〉

　A児の道の作り方を見ると（図11-2）、まずスロープ積木を高い方から低い方へ、左から右へと一列に並べています。このことから、A児がビー玉は高い方から低い方へ転がることに気づいていることがわかります。この時、A児は

積木を一列につなぎさえすれば、ビー玉は最後まで転がっていくと考えていたのでしょう。しかし、実際にビー玉を左端から転がすと、1本ずつは転がるが、そのたびに止まってしまうことを発見しました。このことはA児がまだ1本ずつのスロープ積木についてしか考えておらず、隣り合った次のスロープ積木との関係づけをしていないことを示しています。

　しかしその後、A児はビー玉が止まってしまうのを何度も見て（結果）、2本目が壁になっている（原因）ことに気づきました。そこで、ビー玉がぶつからないようにするために、2のスロープ積木の向きを変えて反対側の低い方とくっつけました（図11-3）。すると、ビー玉はようやく1本目から2本目の積木に転がりました。このことは、A児が2本のスロープ積木を同時に考え合わせることができるようになったことを示しています。しかし、ビー玉が逆戻りしたことからもわかるように、ビー玉が2から5へと転がっていくためにはA児が作り出したつなぎ方（空間的関係づけ）では不十分でした。

2）　B児（4歳5か月、男児）：長くするのは大変！また直さなくっちゃ。
　B児は図11-4のように、aを3のスロープ積木の上に、bを2のスロープ積木の上に置きました。そして、ビー玉を1のスロープ積木から3のスロープ積木へ転がそうとしましたが、矢印のように落ちてしまいました。

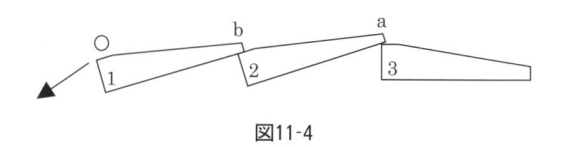

図11-4

　そこで、B児は1のスロープ積木を持ち上げ、その下に土台を1個置きました（図11-5）。すると、ビー玉は2本目の積木の途中まで転がった後、bの位

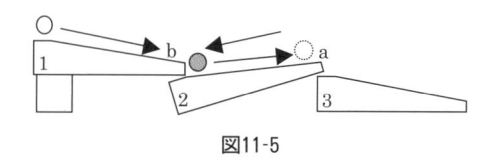

図11-5

置に逆戻りしてしまいました。もう一度転がしてみましたが、結果は同じです。

B児はしばらく考えて、今度は2の積木の下にも土台を1個置きました（図11-6）。これで2と3の積木はうまくつながりましたが、1のスロープ積木が下がってしまいました。

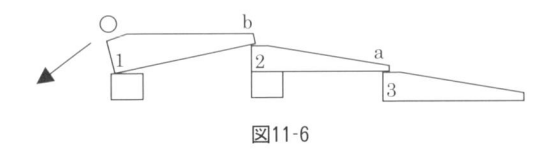

図11-6

それを見て、B児はすぐに1のスロープ積木の下にもう1つ土台を加え、1の積木を2の積木より高くしました（図11-7）。

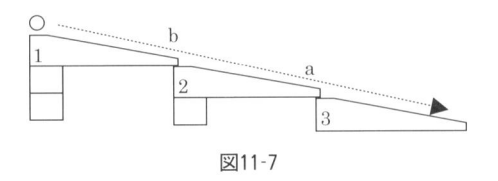

図11-7

その後、B児はもっと道を長くしようとして、4本目のスロープ積木を3のスロープ積木の前に置きました（図11-8）。

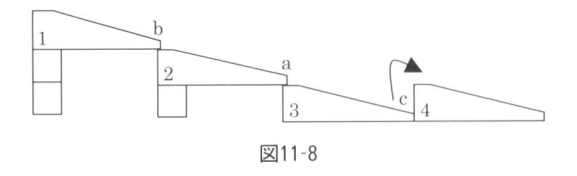

図11-8

しかしすぐに、ビー玉はスロープ積木の1から3までは転がるが、4のスロープ積木が壁になって止まってしまうことに気づき、cを4本目の上にあげました。（図11-9）

第 11 章　クーゲルバーン　115

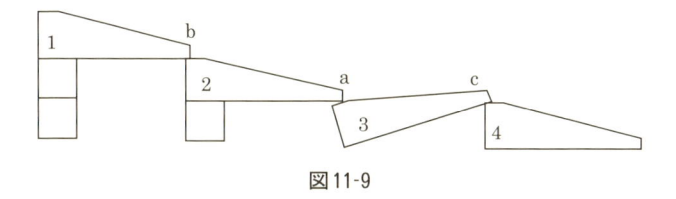

図 11-9

　すると、cよりもaが低くなるので、今度は3のスロープ積木の下に土台を1個置きました（図 11-10）。すると、今度はaよりもbが低くなります。このようにして、B児は一カ所を直すと次々にたくさんの修正をしなければならなくなり、その結果とうとう道は途中で崩れてしまいました。

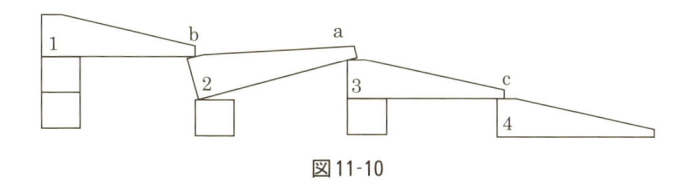

図 11-10

〈考察〉

　図 11-4のように、B児がbを2のスロープ積木の上に置いたのは、1本目と2本目のスロープ積木をつなぐための位置について考えたからです。これで1と2のスロープ積木はつながりましたが、bを持ち上げたために1の方が低くなってしまい、ビー玉はスロープ積木の1から2へ転がりませんでした（図 11-4）。しかし、それを見たB児はすぐに1のスロープ積木を持ち上げて、1を2よりも高くしました（図 11-5）。このことは、B児が2より1を高く、3より2を高くしなければならないという空間的関係づけができるようになったことを意味しています。

　続けて、B児はさらにスロープ積木を増やして道を長くしようとしましたが（図 11-8）、4つのスロープ積木を同時に関係づけることはできなかったので、それぞれの積木の高さをそのたびに変えなければなりませんでした。すなわち、ビー玉が1のスロープ積木から4に転がるためには、1は2よりも高く、2は3よりも高く、3は4よりも高くしなければなりません。したがって、いっ

116 第Ⅱ部　実践編

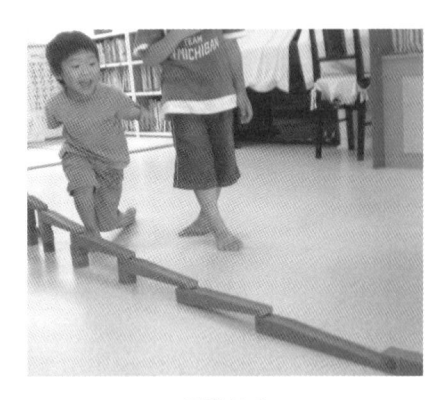

写真11-2

たん3の前に4を置くと、3の土台は0個から1個へ、2の土台は1個から2個へ、1の土台は2個から3個へとすべての土台の高さをそのたびに変えなければなりません。本当は4のスロープ積木を1のスロープ積木の後ろに置いて、土台を1の土台の数＋1個、つまり3個置きさえすればよかったのです。それができなかったのは、B児はまだ2つずつのスロープの関係づけはできても、3つ以上の関係づけはできないからです。

3）　C児（4歳8か月、男児）：長い道ができたよ！

C児は今までのA児やB児と全く違い、スロープ積木の低い方を左にし、高い方を右にして、低い方から高い方へとスロープ積木をつないでいきました。C児はスロープ積木1から2、2から3へと道を作った後、4のスロープ積木もすぐに3のスロープ積木の後ろに置きました。そして、スロープ積木3の土台にした2個の積木に＋1の合計3個の土台積木を4のスロープ積木の下に置きました。以後、C児はスロープをつなぐときはいつも土台の積木の数をいちいち数え上げないで、前の土台と同じ高さに＋1した高さの積木を置きました。そして、「よーしできた！」と言って見事にスロープ積木の6から1へとビー玉を転がすことができました。

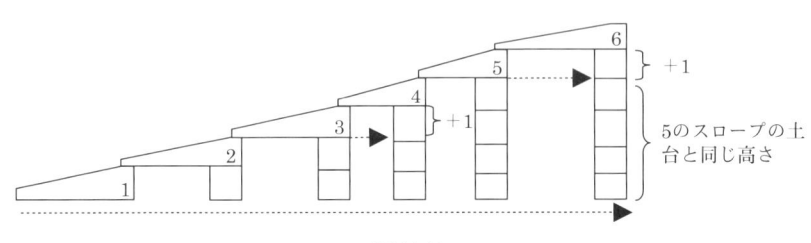

図11-11

〈考察〉

　C児はB児と違って、スロープ積木の高い方に次の積木をつないであっという間に長い道を作りました。このことは、B児が2本ずつのスロープ積木の関係づけしかできなかったのに対して、C児は6本のスロープ積木の全部を同時に関係づけることができるようになったことを示しています。つまり、C児は2は1より高く、3は2より高くというように全部の積木の高さを系列化すると共に、高さと積木の数を関係づけて、土台の積木の数は常に前の数の＋1であるという数的関係を作り出したのです。

　C児が試行錯誤することなく、すぐにこのような道を作り出すことができたのは、全部の積木を同時に考え合わせるという時間的関係づけと、1から6のスロープ積木の高さを系列化するという空間的関係づけと、土台の積木の数はいつも＋1であるという数的関係づけとを統合しているからです。

4）　D児（4歳7か月、男児）：曲がった道ができるかな？

　子どもたちが長い道を作れるようになった頃を見はからって、保育者は子どもたちがもっといろいろな関係づけができるように、「曲がった道を作ることができますか？」と投げかけました。すると、3〜4人の子どもたちがすぐに曲がった道を作り始めました。そんな子どもたちの中から、ここではD児の事例を紹介しましょう。

　D児はまず、スロープ積木の1と2をまっすぐに、2と3は直角に置きました（図11-12）。そして、aからビー玉を転がしましたが、ビー玉はbから矢印のように飛び出してしまいました。

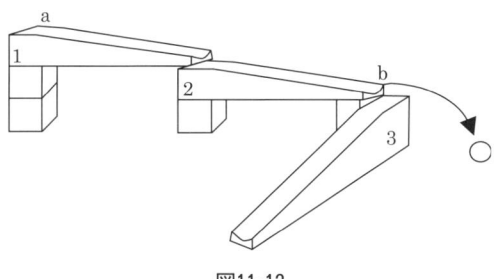

図11-12

118　第Ⅱ部　実践編

　D児は「あれっ？」とびっくりしたような顔をして、もう一度ビー玉を転がしました。しかし、やっぱりビー玉はまっすぐに飛び出してしまいました。すると、D児は図11-13のように、3のスロープ積木の向きを直角から斜めに変えました。

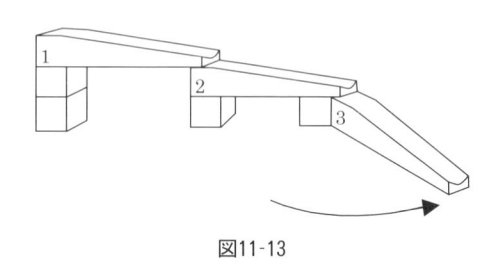

図11-13

　そして、ビー玉を転がしましたが、やはりビー玉は飛び出してしまいました。D児は曲がり角のあたりをじっと見ながら考え込みました。そして、しばらくすると、2つのスロープを直角に戻し、その角に積木を置いて壁にしました（図11-14）。それからビー玉を転がすと、ビー玉は角のところで壁にぶつかり、スロープ積木の上を曲がって下まで転がっていきました。これを見て、D児は手をたたいて喜びました。

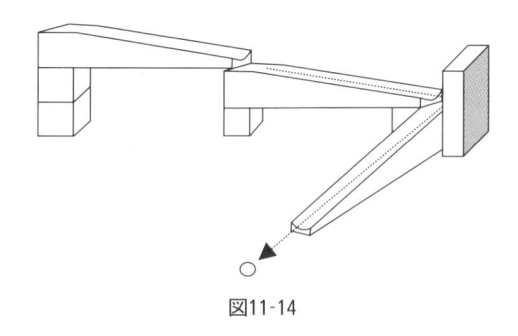

図11-14

〈考察〉
　D児はビー玉がコーナーから飛び出したとき、「あれっ？」と驚いたような顔をしました。このことから、D児はスロープ積木を直角に曲げさえすれば、

ビー玉は道に沿って曲がると考えていたことがわかります。しかし、ビー玉はスロープ積木を飛び出してしまいました。D児はこの結果を見て初めて、自分の予測とは違うビー玉の動きに気づいたのです。そこで、最初にD児がした修正は、3のスロープ積木の曲がる角度を変えて、ビー玉の転がった方向へできるだけ近づけることでした。しかし、それでもビー玉は飛び出してしまいました。ここで、D児が困り果てて"考え込んだ"後に考え出したことを考察してみましょう。

まず、D児は1回目の"失敗"を通して、ビー玉のスピードと道の方向との関係づけを修正しました。そして、2回目の"失敗"を通して、道の方向を変えても、ビー玉の転がる方向を変えることはできないことを発見しました。そして、とうとうビー玉がコーナーを曲がるためには、"道の方向"ではなく、"ビー玉の方向"を変える必要があることを思いついたのです。それが、土台積木を"土台"ではなく、"壁"として使うアイディアだったのです！

5) まとめ

ビー玉の転がる道を作る過程で、子どもたちは斜面の角度とビー玉の転がるスピード、ビー玉の転がる方向と道の方向、スロープ積木のつなぎ方と土台の高さなど、たくさんの関係づけを作り出しました。長い道を作る時には、どこから先に作って、次のスロープ積木をどっちにつないだらよいか、そしてどのように高さを調節したらよいかなど時間的関係づけや高さの系列化、土台の数についての数的関係づけをしました。また、曲がる道を作る時にも、"失敗"を通して、より深く考え、すばらしいアイディアを自分自身で作り出しました。

（4） 言葉かけの事例：自分から遊ぼうとしないE児（4歳5か月、女児）

ここではE児の事例をあげて、保育者がどのような言葉かけや手だてをしたらよいかについて考えてみましょう。

みんなが夢中になってクーゲルバーンで遊んでいるのに、E児は何をどうしたらいいかわからないようすで、いつもみんなが作っているのを見ています。目の前に用具があっても、自分ではなかなか作ろうとせず、他の子の作った道に自分のビー玉を転がすことしかしませんでした。そこで保育者は、用具を減ら

して、2本のスロープ積木と2個の土台積木とビー玉だけを渡して、「Eちゃんも先生と一緒にビー玉を転がしてみよう」と言いました。そして、E児の前で図11-15のように並べて、何度もビー玉を転がして見せました。すると、E児も保育者の作った道でビー玉を転がし始めました。

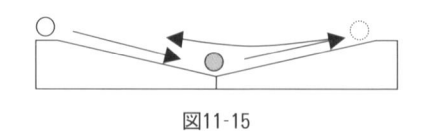

図11-15

しばらくこのやり方で遊んだ後、保育者は、図11-16のように同じ向きに並べて、★の位置を手で持ち上げてビー玉を転がしました。

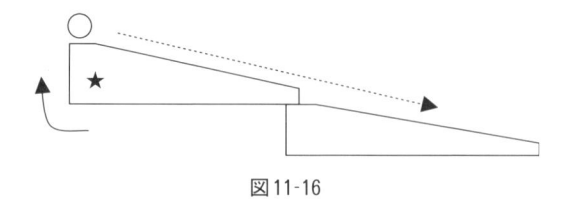

図11-16

すると、ビー玉は図11-15のときのようにUターンせず、まっすぐビューと転がって行きました。それを見たE児は興味をもって自分で作り始めました。たった2本のスロープ積木でしたが、今まで遊ばなかったのがうそのようによく遊び、それからというもの、E児はとても喜んでクーゲルバーンをするようになりました。

〈考察〉

　集団遊びなどとは違って、物と関わる遊びでは"物"との関わりが中心となるので、保育者は原則として子どもが自分で物に働きかけて遊ぶよう促します。しかし、中には遊びの経験が少なく、なかなか自分だけで遊ぶことができない子や、物事を関係づけて考える力が弱い子もいます。E児の場合はその典型的な例です。こういう子には、保育者が一緒に遊んで興味を持たせたり、考

えるきっかけを作ってあげることが必要です。そういった点から、保育者がF児だけで遊ぶよう強制しないで「Eちゃんも先生と一緒にビー玉を転がしてみよう」と投げかけたのはよかったと思います。なぜなら、それによってE児は自分だけで遊ばなければならないというプレッシャーから解放され、安心して遊ぶことができたからです。また、保育者が用具の数を減らしたのもよかったと思います。なぜなら、あまり用具が多すぎると、子どもによっては何をどう組み合わせたらよいか、かえってわからなくなるからです。しかも、保育者は2本だけを使ってビー玉がスロープを滑り落ちていくもっとも基本的な遊び方を提案しました。F児が情緒的な面でも知的な面でも活発に遊べるようになったのは、こういった2つの手だてがあったからだと考えられます。

3. ワンポイントQ&A

Q1. クーゲルバーンはどこで購入できますか？
A1. ドイツのハバ社など外国から輸入されたものや、日本でもいろいろなオリジナルのセットが販売されているようです。インターネットを開いて、"クーゲルバーン"で検索すると、いろいろなセット内容のものが見つかります。ちなみに、私たちは、HILPAGヒルパッグ社（スイス製）のスカリーノ（48ピース）D17-10を使いました。

Q2. どうして用具を全部使わないのですか？
A2. 子どもたちが長い道や曲がった道を簡単に作るようになり、もっとたくさんのスロープを使っていろいろなおもしろい道を作るようになったら、全部の積木を使うのもよいと思います。しかし、斜面とビー玉の動きの関係、斜面と斜面の関係などについてまだ十分な関係づけができない間は、用具の数を限定する方がかえってよく考えることができます。

4. 指導案：4歳児「ビー玉が転がる道を作ろう」

発達的側面	〈情意的側面〉 ・自分のアイデアで自由に作って遊ぶことを楽しみ、意欲的に活動する。 ・自分が作った道をビー玉が転がったときの達成感を味わう。 〈知的側面〉 ・ビー玉は高い方から低い方へ転がるという特性に気づく。 ・スロープ積木のつなぎ方、向き、土台との関係を考える。 ・スロープ積木の高さを順序づけ、高さと土台積木を数的に関係づける。 ・スロープの方向と作っていく順番を空間的、時間的に関係づける。 ・スロープ積木や穴のあいた積木を使ってどんなおもしろい道を作ることができるか、いろいろなアイデアを考える。 〈社会的側面・道徳的側面〉 ・協力したり、アイディアを交換する。 ・使ったものを責任を持って片付ける。		

環境構成	子どもの活動	保育者の言葉かけと手だて
〈場所〉 保育室 1人1セット 折り紙 タワーブロック 〈準備物〉 ・1人に1セットの クーゲルバーンが入ったカゴ	○保育者の話を聞く ・2グループに分かれる。 ・1つのグループがクーゲルバーンで遊ぶ間、他のグループは折り紙かタワーブロックを選んで遊ぶことを聞く。 ○クーゲルバーンで遊ぶ。 ・ビー玉やクーゲルバーンのパーツを使ってビー玉が転がる道を作って遊ぶ。 ・スロープ積木とスロープ積木をつないで道を作る。	・「これからクーゲルバーンという積木とビー玉を使って遊ぶよ。」「みんな一緒には出来ないので、順番に遊びます。「待っている人は折紙かタワーブロックのどちらかを選んで遊びましょう」と、順番にすることを伝える。 ・「ここにあるものを使ってビー玉が転がる道を作って遊びましょう。どんな道ができるかな？」と投げかけ、子どもたちが自由に働きかけることを促す。 ・お互いがぶつからないように、出来るだけ遊べる場所を広くとるよう配慮する。 ・集中して遊んでいる時には、どんな遊び方をしているか観察しながら見守る。 ・遊べない子や遊びが途中で停滞している時には、個々の発達に合わせて適切に介入する。 ・物や場所の取り合いでトラブルが起きた時は、子どもたちのようす

第 11 章 クーゲルバーン 123

| セットの内容
　スロープ積木：長3本
　　　　　　　　短2本
　穴あき積木：直2個
　　　　　　　曲3個
　立方体の土台積木：15個
　2個のビー玉

・その他、必要なとき補充するためのスロープ積木や土台積木 | ・長い道を作る
・曲がった道を作る。

・ビー玉を転がして遊ぶ。

○片付けて次のグループと交代する | を見守りながらも必要に応じて介入する。お互いの気持ちを言葉にして相手に伝えたり、状況を説明したりして、両者が考え、納得するような解決ができるように配慮する。

・必要があれば、さらにスロープ積木や土台積木を増やす。 |

第12章

ボーリング遊び

岩本博美（みどりこども園）
加藤泰彦（元・アラバマ大学客員教授）

1. はじめに

「ボーリング遊び」は、1～6歳の子どもたちが幅広く遊べる活動です。ボーリング遊びには、主に3つのタイプの遊び方が考えられます。タイプⅠの遊びでは、保育者はボールやペットボトル、牛乳パック、積木、缶などのいろいろな材料を用意し、「ここにある物を使ってどんなことができるかな？」と呼びかけます。すると、子どもたちは、ボールやペットボトルを転がしたり、上から落としたり、投げたりして遊びます。また、牛乳パックや積木や缶などを飲み物に見立てたり、並べたり、積んだりして遊びます。このようなタイプⅠの遊び方は、主に1～2歳の子どもたちに見られます。このような遊び方は本来のボーリング遊びとは違いますが、ボーリング遊びの土台となるものです。タイプⅠの遊び方を通して、子どもたちはいろいろな事物に対してさまざまな働きかけをしながら、たくさんの物理的知識を身につけていきます。

タイプⅠの遊び方をしているうちに、子どもたちが「ボールを転がして（原因）物を倒す（結果）」という遊び方、すなわち、倒す物（ボール）と倒される物

写真12-1

（マト）という手段と目的を分化し始めたら、保育者は「このボールを使ってペットボトルを倒すことができるかな？」といったタイプⅡの遊び方を呼びかけます。この遊び方は、主に3〜4歳の子どもたちに適しています。

　一方、タイプⅢの遊び方は、子どもたちが一度にたくさんのペットボトルを倒すことができるようになった頃に導入します。保育者は「どちらのチームがたくさんのペットボトルを倒すことができるか競争して遊びましょう」と呼びかけ、並行的な遊びから集団的で協同的なゲームに発展させます。タイプⅢの遊び方は、主に5〜6歳の子どもたちに適しています。ボーリングゲームを通して、子どもたちは物理的知識だけでなく、読み書きや算数の知識に加えて、社会性（協力や順番など）や道徳性（ゲームの仕方や勝ち負けの基準、ルールなどの取り決め）などもたくさん構成していきます。

2. どんな遊びができるかな？

（1） 遊びの導入

　保育者はあらかじめ遊戯室に次のような用具を準備しておき、1歳児クラス6人の子どもたちを遊戯室に誘いました。そして、「ここにある物を使って遊びましょう」とタイプⅠの遊び方を投げかけました。

（2） 準備物

　ここではまず、タイプⅠの遊びでどんな素材や用具を準備したのか、なぜそのような素材や用具を選んだのかについて説明しましょう。3章にある「物と関わる遊びのよい基準」は、私たちがどんな用具を子どもたちに用意したらよいかについても役立ちます。4つの基準は、以下の通りです。

　①子どもが自分の働きかけによって、いろいろな物の動きを作り出せる。

　例えば、用意したボールについて言うと、"上から落とすと跳ねる"という動きや、"手で押すと転がる"という動き、"回すとクルクルと回転する"という動きを作り出せるのがそれです。

②子どもが自分の働きかけを変化させることができる。

　もしうまくいかない時、自分の働きかけを変えることができれば、子どもはどうしたらよいかについて考えることを促されます。例えば、ボールがペットボトルに当たらなかった時、どうしたらうまく当てられるかを考えて、立つ位置やねらうペットボトル、転がすボールの力の入れ具合などを変えて試みるのがそれです。

③物の動きが目に見える。

　ボーリング遊びがよい理由の1つは、ボールが当たったか外れたか、ペットボトルが倒れたか倒れなかったかを、先生に教えてもらわなくても、子ども自身で判断できるからです。

④働きかけに対する事物の反応がすぐに現れる。

　例えば、ボールを投げると、すぐにボールが転がるようすやペットボトルや缶が倒れるようすが目に見えます。ボールが当たるとペットボトルや牛乳パックが倒れるという反応もすぐに現れます。

　では、以上の基準に基づいて、私たちが選んだ素材や用具（6人分）を紹介しましょう。

1） **倒す物については、材質と大きさという観点から、次のような物を選びました。**
- ソフトボール　・軟式野球ボール（直径7cm）
- ゴムボール（直径6.5cm）　・タオル地の手作りボール（直径9cm）
- ピン球（直径4cm）　・ゴルフボール（直径4.5cm）

※それぞれ2〜3個ずつ（遊んでいるようすを見て数を調整する。）

2） **倒される物については、材質・大きさ・形・高さ・重さという観点から、次のような物を選びました。**
- 900mlのペットボトル　20本くらい
- 積木（直方体と立方体）それぞれ5〜6個ずつ
- 缶（ミルク・コーヒー・缶詰など）それぞれ5〜6個ずつ
- 牛乳パック　5〜6個

※子どもが遊んでいるようすを見て数を調整する。

（3） 実践事例
1） A児（2歳1か月、男児）とB児（2歳7か月、男児）

　A児は最初にボールを転がしたり、上から落としたり、投げたり、足で蹴ったりして遊びました。また、ペットボトルも上から落としたり、コロコロと転がしたり、横に寝かせて積み重ねたり、並べて押して倒したり、足で蹴って倒したり、両手に持って打ち合わせたりしました。これらのA児の働きかけは、年少児に見られる典型的な物理的な行為です。

　一方、B児は全てのペットボトルを投げた後、缶を投げ、さらにボール、積木と次々に物を変えて投げました。

〈考察〉
　4章の指導上の原則にもあるように、タイプ1の遊びでは、子どもたちがいろいろなやり方で事物に働きかけられるよう、十分な時間を子どもたちに与えることが大切です。そうすれば、子どもたちは自ら事物に働きかけることを通して、たくさんの物理的知識を身につけることができます。例えば、A児は1つの事物にいろいろな行為を適用しました。すなわち、いくつかの同じペットボトルに対して、落としたり、打ち合わせたり、積み重ねたりしたのがそれです。それによって、A児は、ペットボトルは落とすと跳ね返る、打ち合わせると音がする、手で押すと倒れる、蹴ると転がるといったペットボトルの持つたくさんの物理的知識を作り上げました。

　一方、B児はいろいろな事物に1つの行為を適用しました。すなわち、ペットボトルや缶など、いろいろな物に対して"投げる"という同じ働きかけをしたのがそれです。それによって、B児は、同じ投げるという行為をしても、ボールははずむが積木ははずまない、缶は音がするがタオル地のボールは音がしないといった特性の違いを発見したのです。このようにして、子どもたちはたくさんの物理的知識を身につけていきます。

3. ペットボトルを倒して遊ぼう

(1) 遊びの導入

　タイプⅠの遊びでは、子どもたちはまだ"倒す物"と"倒される物"という因果関係を作り出すことができませんでした。そこで、保育者は子どもたちがタイプⅠの遊び方を十分に経験した頃を見はからって、「今日はボールを転がしてペットボトルを倒して遊びましょう。どんなふうに並べたらたくさんのペットボトルを倒せるかしら？」とタイプⅡの遊び方を投げかけました。さっそく、3歳児クラス18人の子どもたちが興味を示しました。そこで、保育者は部屋の広さの関係で一度に6人しかできないことを説明し、20分くらいしたら交代することにして、子どもたちに3つのグループに分れてもらいました。

(2) 準備物と環境構成

　タイプⅠの遊びでは、1〜2歳の子どもたちはまだいろいろな素材を"倒す物"と"倒される物"に分類して使い分けることはしませんでした。しかし、先に述べたように、タイプⅡの遊びでは倒す物と倒される物が分化するので、保育者は倒す物として軟式野球ボールを、倒される物（マト）として10本のペットボトルだけを用意しました。

　軟式野球のボールを選んだのは、子どもが持ちやすくて真っ直ぐに転がり、当てるペットボトルの幅に対してもちょうどよい大きさだからです。市販のボーリング用の木製ボールがある場合は、それを使ってもよいでしょう。900mlのペットボトルを選んだのは、手に入りやすく、子どもにも扱いやすいからです。しかし、空のままでは軽すぎてすぐに倒れてしまうので、ある程度の重さにするために底に小さいビー玉5個を入れました。環境の構成については図12-1を参照してください。

図12-1

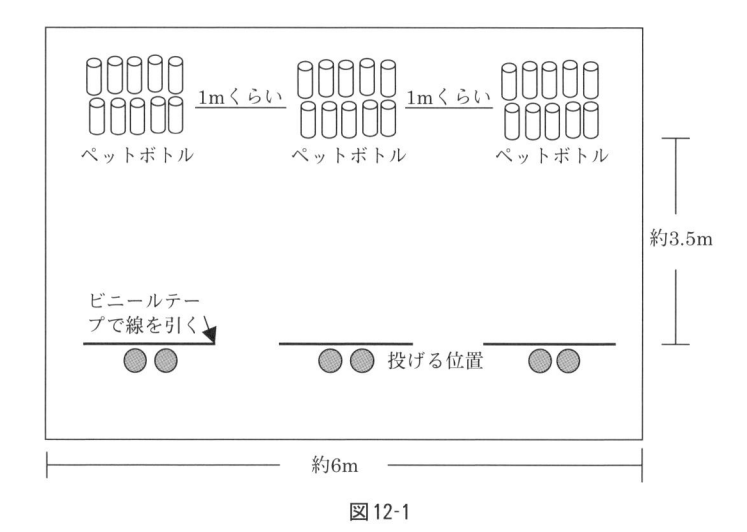

(3) 実践事例

　子どもたちはそれぞれに選んだ場所に行くと、さっそく遊び始めました。子どもたちがどのようにペットボトルを並べたか、そして、たくさんのペットボトルを倒すために並べ方がどのように進歩していったかについて、3つの事例を紹介しましょう。

1) M児（4歳9か月、女児）：ペットボトルを横一列に並べる。

　M児は最初はいろいろな並べ方をしましたが、最終的には横一列にペットボトルを並べました。そのプロセスを順を追って図示してみましょう。

①ボトル間の幅に注意せず、幅広に1本ずつ横一列に8本並べる。（図12-2）
②真ん中の2本を後列にずらす。（図12-3）
③その他のボトルも真ん中のボトルにあわせて後列にずらす。（図12-4）
④両端の2本のボトルを前の列の真ん中に持ってくる。（図12-5）
⑤後列の両端2本を前列のボトルの両側に持ってくる。（図12-6）
⑥後列の4本を前列のボトルの両側に2本ずつ持ってきて、床に転がっている残り2本を両側に並べ、最終的に10本のボトルを一列に並べる。（図12-7）

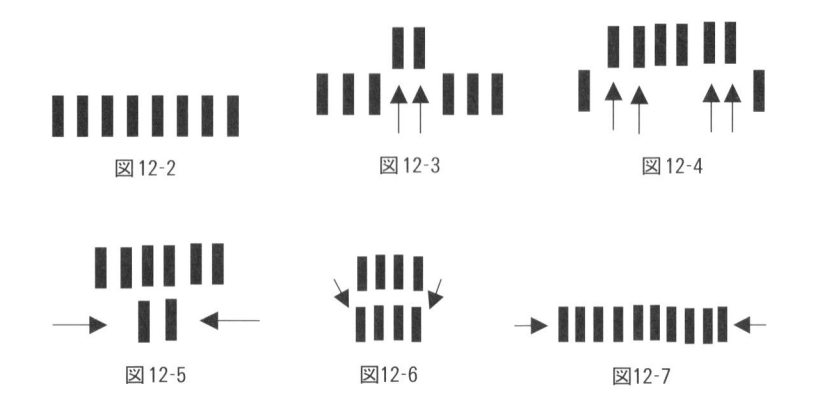

図12-2　　　　　図12-3　　　　　図12-4

図12-5　　　　　図12-6　　　　　図12-7

〈考察〉

　遊び初めの子どもたちや年少児の子どもたちは、どの子もこのようにペットボトルを横一列に並べます。ペットボトルをこのように横に並べると、ボールが当たる可能性は高くなりますが、少しの本数しか倒すことができません。それなのに、M児が横一列に並べたのは、ボールをペットボトルに当てることだけしか頭になく、まだ"たくさん"のボトルを倒すことには関心がないからです。

　2）　K児（4歳6か月、男児）：ボトルを固めて並べる。
　K児は8本のボトルを円を描くようにして並べていき、さらに残りの2本を丸く並べた左横に並べました。

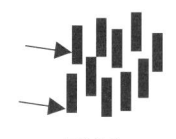

図12-8

〈考察〉

　K児はM児と違って、ボトルを固めて並べています。このような並べ方は、幅が狭いのでボールがボトルに当たる確率は低くなりますが、当たればたくさん倒すことができます。このことは、K児が"たくさん"のボトルを倒す方法について考え始めたことを意味しています。つまり、K児は横に並べるよりも、ボトルを固めて並べれば、たくさんのボトルを倒すことができると考えているのです。しかし、まだ、ボトルの並べ方やボトル間の間隔をどれぐらいにしたらよいかといった空間的な関係づけは不十分なままです。

3） A児（6歳1か月、男児）：ボトルを逆三角形に並べる。
① ボトル4本を1本分くらいの間隔をあけて並べる。（図12-9）
② ボトル3本を4本のボトルの間に並べる。（図12-10）
③ ボトル2本を3本のボトルの間に並べる。（図12-11）
④ 残りの1本を2本のボトルの間（先端）に並べる。（図12-12）

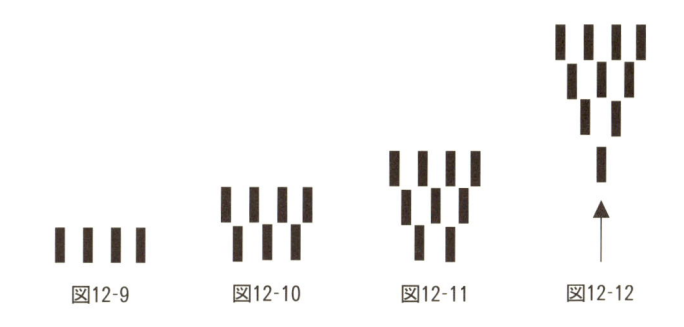

図12-9　図12-10　図12-11　図12-12

〈考察〉

　A児はK児の固めて並べるやり方とは違って、ボトルを逆三角形に並べました。これは一度に全部のボトルが倒せる並べ方です。つまり、A児はボールが一番前のボトルに当たるとそのボトルが倒れ、その倒れたボトルが2列目のボトルを倒し、さらに2列目のボトルが3列目のボトルを倒し、それが4列目を倒して全部のボトルが倒れると考えていることがわかります。A児の完成された並べ方には、次のような特徴が見られます。すなわち、A児の並べ方には、最初に倒れたボトルが次々と他のボトルを倒すという物理的知識と時間的関係づけ、そうするためにはすべての

写真12-2

ボトルを三角形にするのが1番よいという空間的、数的関係づけが反映されています。今までのM児やK児も、"ボールがボトルを倒す"（物理的知識）、"ボールをボトルにあてる並べ方"（空間的知識）、"ボトルをたくさん倒す並べ方"（数）について考えることができました。しかし、A児はさらに進んでこれらの物理的、空間的、時間的、数的関係づけを組織化して統合し、"一度に全部のボトルを倒せる"方法を考え出したのです。

4. ボーリングゲームをしよう

(1) 遊びの導入

子どもたちが一度にたくさんのボトルを倒すことができるようになった頃を見はからって、保育者は5歳児クラス12人に、「2人でチームになって、どちらのチームがたくさんボトルを倒すことができるか競争して遊ばない？」とタイプⅢの遊び方を投げかけました。（並行的な遊びから集団的な遊びへの発展）

子どもたちがすぐに興味を示したので、みんなでホワイトボードの前に集まり、子どもたちで誰とペアになるか決め、決まったところからホワイトボードに名前カードを貼り付けていきました。それから、対戦するチームや遊び方もみんなで決めました。そして、15分くらいしたら交代して、全員がボーリングゲームをできるようにしました。遊び方は、1人が3回ずつ投げてボトルを倒します。ボトルの数は10本です。勝ち負けの基準は、同じチームの2人が倒した数を合計して、倒したボトルの数が多いチームの勝ちです。

(2) 準備物と環境構成

部屋の広さにもよりますが、通常は2人ペアで4チーム、合計8人で遊びます。子どもたちで決めた（合意）ボールを投げる位置とボトルを並べる位置がわかるように、カラーテープとはさみも用意します。3回投げて何本倒したか覚えられないこともあるので、紙と鉛筆も用意して、「必要なら使ってね」と言葉かけしておきます。

1） 素材や用具
①ピン（ビー玉（小） 5個を入れた900mlのペットボトル）10本を2セット
②軟式野球ボール　1人1個
③カラーのビニールテープ
④はさみ
⑤紙またはホワイトボード
⑥鉛筆、マーカー

2） 環境構成

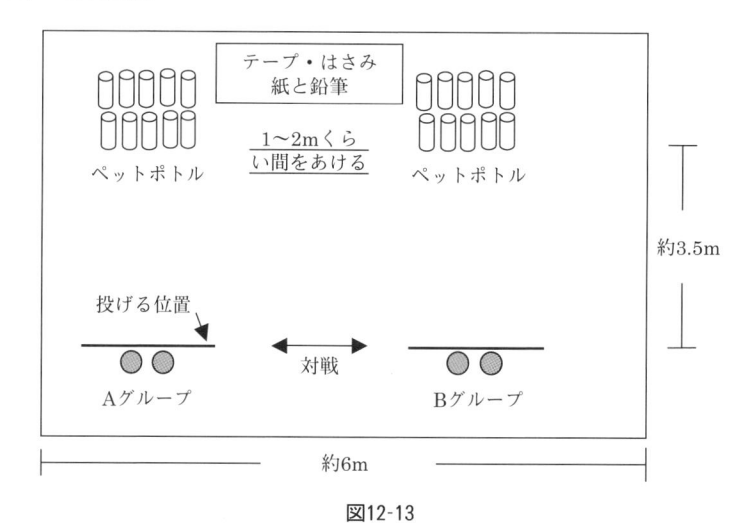

図12-13

（3） 実践事例

　ボーリングゲームをすると、子どもたちはどちらがたくさん倒したかを知るために、自然に倒れたペットボトルの数を数えようとしたり、いくつ倒れたか書いたり、倒した本数を比較したり、合計で何本倒れたかを足したりします。ここでは、子どもたちの「倒れた本数の数え方」（計数）、「倒れた本数の書き方」（書き）、「倒れた本数の足し方」（足し算）がどのように進歩していったかについてレポートしましょう。

1）Y児（5歳11か月、男児）とH児（6歳7か月、男児）：
　　倒れた本数を数える場面

　Y児がボールを転がすと、ボトルが6本倒れました。Y児は「やったー！」と叫び、急いでボトルの所にかけよりました。そして、倒れたペットボトルを1本ずつ指さしながら数え、「いち、に、さん、し、ご、ろく、6本倒したよ」とうれしそうに言いました。
　今度はH児の番です。H児はねらいをつけてボールを転がしました。すると、ボトルが7本倒れました。H児は倒れなかった3本のボトルの方を見てすぐに、「すごい、7本も倒れたぞ！」と叫びました。

〈考察〉

　倒したボトルの数え方を見ると、Y児とH児では数え方が異なることがわかります。Y児はボトルの所へ行き、"倒れたボトル"を1本ずつ指しながら「いち、に、さん、し、ご、ろく」と数えました。つまり、Y児は倒したボトルと数詞とを1対1対応させながら数え上げたのです。一方、H児は数えなくてもすぐに「7本倒れた」と言いました。というのは、プロトコルからもわかるように、H児は"倒れなかったボトル（3）"の方に注目して、一方の部分（3）と全部（10）とを関係づけ、"全部のボトルは10本で、残っているボトルは3本だから、10になるには7"と考えたのです！

2）T児（5歳0か月、女児）とR児（5歳2か月、女児）とS児（6歳5
　　か月、男児）：倒れた本数を書く場面

　T児はボールを転がしてボトルを4本倒しました。T児は「4個」と言うと、ホワイトボードに図のようなマークを4つ書きました（図12-14）。
　R児もボールを転がしてボトルを3本倒しました。R児は「私のは3個倒れた」と言うと、ホワイトボードに「333」と3を3つ並べて書きました（図12-15）。
　今度は、S児がボールを勢いよく転がしました。すると、ボトルが5本倒れました。S児は「5個」と言うと、ホワイトボードに「5」と書きました。

第 12 章　ボーリング遊び　135

図 12-14

333
図 12-15

〈考察〉

　倒した本数の書き方を見ると、T児、R児、S児で異なる書き方が見られました。T児は倒した本数を表すのに絵のようなマークを4つ書きました。つまり、T児は実際のボトルの代わりをするシンボルを使って、倒れた4本のボトルとマークを1対1対応させることによって数を表現したのです。(図 12-14)

　次に、R児は数字の3を3つ書きました。R児は「3」という数字を使っていますが、それを3つも書いているのは、3本のペットボトルに数字を1つずつ対応させているからです。つまり、R児は倒れたボトルの本数を表すのに、絵のようなマークは使っていませんが、数字を物と同じように使っているのです。したがって、R児は数字を使っていますが、「3」は1つで3本すべての数を表わすという数字本来の機能は理解していないのです。

　一方、S児は数字の「5」を1つだけ書きました。というのは、S児には数字の「5」は1つ1つのボトルを表すのではなく、倒したすべての本数を表していることがわかっているからです。私たち大人は数を表す時、とかく数字で書くよう子どもに強制しがちですが、これらの事例を見ると、どれが正しいか、どれが正しくないかといった問題ではないことがわかります。子どもたちはそれぞれの発達過程で、自分にいちばん合った数の表象の仕方を考え出しているのです。

写真 12-3

3）T児（4歳5か月、男児）とD児（5歳11か月、男児）とW児（6歳6か月、男児）：倒れた本数を足す場面

　T児の倒した本数は、1回目は1本、2回目は5本、3回目は2本でした。T児は倒し終えると、そのつどホワイトボードに数字で本数を書いていきました。そして、倒した合計を数える時は、ホワイトボードに書かれた1を見て自分の指を1本出し、5を見て反対の指を5本出しました。しかし、まだ3回目の2本がホワイトボードに残っています。すると、T児はS児に「2を出して」と頼みました。S児が指を2本出してT児の指に近づけると、T児は出ている指の数を1本ずつ数え上げ、「8本だ」とうれしそうに言いました。

　D児の倒した本数は、1回目は7本、2回目は3本、3回目は6本でした。倒した合計を数える時、D児はホワイトボードに書かれた数字の7を指で押さえて「7」と言い、続いてボードに書かれた数字の3を指で3回軽くたたきながら、「8、9、10」と数え足しました。さらに続けて、ボードの6を指で6回軽くたたきながら、「11、12、13、14、15、16」と数え足し、「全部で16本だ！」と叫びました。

　W児の倒した本数は、1回目は5本、2回目は4本、3回目は3本でした。倒した合計を数える時、W児はホワイトボードに書かれた5と4を指して、「これとこれで9」とすぐに足し算をしました。次に、3を指して「3の中の1をあげたら10、残りは2だから全部で12！」とあっという間に3つの数の足し算をしました。

〈考察〉

　倒した本数の合計の出し方を見てみると、T児、D児、W児で異なる足し方が見られました。T児はボードに書いた数字をすべて指に置き換えて数え上げました。つまり、全部の数を1に置き換え、＋1を繰り返すことによって合計を出したのです。これは幼児によく見られる「数え上げ」という初期の足し算の仕方です。

　D児は7はそのままにして、それに「8、9、10」と3を数え足し、続けて「11、12、13、14、15、16」と6を数え足しました。つまり、D児は7を1つの部分として考え、あとの3と6は1に置き換えて、＋1を3回、その後続けて＋1を6回繰り返して合計を出したのです。これは先の「数え上げ」から本来の

「足し算」への移行期によく見られる「数え足し」という足し算の仕方です。

W児は本来の足し算の仕方で合計を出しました。つまり、W児は1回目の数5を一方の部分とし、2回目の数4を他方の部分として両方を足し（部分＋部分）、9という全体（和）を作りました。それから、今度はその合計数9を一方の部分にし、3回目の本数3を他方の部分にして、新たに12という全体（和）を作り上げました。さらに興味深いことは、T児が、9＋3の足し算をした時、3から1をとって9に加えて10にし、それから残りの2を足すというやり方を考え出したことです。誰もそんなやり方を教えていないのに、T児がそれをしたことは、10進法の基礎となる10の単位は、子どもが知的に考える時に自然に作り出されるものであることを示唆しています。

このように、並行的な遊び方から集団的で協同的なゲームに発展させることによって、子ども同士の相互作用はさらに深まり、物理的、社会的、道徳的発達に加えて、文字や数字の読み書き、算数（数える、足し算）などの知的な発達もさらに豊かなものになっていきます。

5. ワンポイントQ＆A

Q1. 遊戯室がないのですが、保育室でもボーリングはできますか？
A1. 保育室でする場合は、できるだけ広いスペースを作りましょう。私たちの実践では遊戯室を使ったので、ボトルとボールとの間の距離を3.5mとしました。しかし、3〜4歳児であったり、小さめのマトやボールを使う時には2mくらいでもよいでしょう。3mを1つの目安として、実状に応じて調整して下さい。

Q2. ゲームのペアの決め方はどのようにしたらよいでしょうか？
A2. ペアは子ども同士で決めることが望ましいのですが、時には、保育者が決める場合もあります。その場合、保育者はペアを組む子どもの友達関係や発達段階を考慮して決めるとよいと思います。

6. 指導案：4～5歳児「ボーリングゲームをしよう」

<table>
<tr><td rowspan="3">発達的側面</td><td colspan="2">〈情意的側面〉
・友達と一緒に遊ぶ楽しさを味わう。
・ゲームに負けた時の悔しさをコントロールしたり、自分の思いが通らなかった時の気持ちをコントロールする。</td></tr>
<tr><td colspan="2">〈知的側面〉
・ペットボトルの並べ方やボールの転がし方について考える。
・投球回数や倒したペットボトルの数を数えたり、足したり、友達と比べたりする。
・得点をつけることによって、次に倒すための手がかりとしたり、表の書き方などについて考える。</td></tr>
<tr><td colspan="2">〈社会・道徳的側面〉
・友達と遊び方やルールについて考える。
・自分達で決めたルールを守って遊ぶ。
・トラブルが起きた時、みんなで話し合って解決したりルールを変えたりする。
・自分達の使った用具など、責任を持って片付ける。</td></tr>
</table>

環境構成	子どもの活動	保育者の言葉かけと手だて
〈場所〉 　遊戯室 　ペットボトル10本　　子ども 　ペットボトル 〈準備物〉 ・ビニールテープ ・はさみ ・マーカー ・紙 ・ペットボトルのピン20本 ・軟式ボール4個	◎ボーリングゲームをする。 ○保育者の話を聞く。 ・ボーリングゲームについて話しを聞く。 ○誰とするかについて話し合う。 ○活動の場所に移動する。 ○ゲームのやり方やルールについて話し合う。 ・ペットボトルを並べる。 ・投げる順番を決める。 ・投げる位置を決めて、テープを貼る。 ○ボーリングゲームを始める。 ・順番に投球する。 ・得点を書く。 ・得点を計算する。 ・順位を決める。 ○片付ける。	・「2人1チームになって、どちらのチームがたくさん倒したか競争して遊びましょう」と投げかける。 ・「一緒にやるお友達を決めましょう。2人組になろうね」と、自分達で2人1チームになるよう促す。 ・待っている子が、活動のじゃまにならないような遊び環境を準備しておく。 ・どんな取り決めになってもできるだけ介入せず、見守る。 ・基本的なルールとゲームのやり方だけを確認して、あとはゲームの進行と共に問題解決していく。 ・危険な時やどうしたらいいか困った時、活動が停滞しているようなときには介入する。 ・できるだけ子ども同士の相互交渉を促す。

第13章

クッキング

長廣真理子（ひかりこども園）

1. はじめに

　保育所や幼稚園では、クッキングは季節の行事と結びつけて行われますが、そこではほとんどの仕事を保育者がして、時々子どもたちに手伝わせるのがふつうです。しかし、構成論に基づく保育をしている保育所や幼稚園では、クッキングは日常的に取り組まれている活動です。しかも、そのねらいは構成論の教育目標である子どもの自律性の発達を育てることにあります。したがって、クッキングのねらいは、上手に料理をしたり、レシピ通りに料理が作れるようになることではありません。構成論におけるクッキングのねらいは自律性の発達という教育目標のもとで、子どもたちが自分たちでクッキングカードを読み取りながら、分担したり協力したりすること、クッキングの過程で生じるいろいろな知識を豊かに身につけていくことにあります。

　そこで本章では、まず"自律性を育てるクッキング"にとって不可欠なクッキングカードの意義とその作り方について述べ、その後で3歳児の取り組んだ「ミックスジュース」と5歳児が取り組んだ「みかんゼリー」の実践をレポートすることにしましょう。

2. クッキングカードの意義とその作り方

　構成論におけるクッキングでは、いつも「クッキングカード」を使います。クッキングカードは、市販のレシピとは違う保育者お手製のものです。私たち

のクッキングカードは、最初と最後のページにでき上ったお料理を図示して、「おいしそうだな、自分も作ってみたいな」といった子どもの興味を引き出すことをねらいとしています。そして、次のページには絵と文で必要な材料や器具を表示し、以後、1ページにつき1つの作業という構成で子どものできる仕事を明示しています。

　クッキングは主に友だちと2人で進めていきます。子どもたちでカードを読み取りながら料理を作っていくためには、"よいクッキングカード"が必要です。よいクッキングカード作りのよいヒントになるのは絵本です。絵と最少限の説明（文章）によって作られる絵本作りの手法は、子どもたちのためのクッキングカードにピッタリです。よいクッキングカードは、"よい絵本"と共通の説得力を持っています。すぐれた絵本の絵と文が子どもの想像力をかきたて、理解力を増させることは、誰の目にも明らかです。そういった点から、クッキングカード作りのポイントをまとめると次のようになります。

　①絵（写真）を見て大体の作業がわかるもの。
　②絵（写真）と説明文の関係が一致しているもの。
　③1つのページに1つの作業だけを示し、絵（写真）や文もシンプルなもの。
　④絵ができるだけ正確なもの。

　以上の基準を参考にして作ったクッキングカードについては、実践例の「ミックスジュース」と「みかんゼリー」を参考にしてください。

3. ミックスジュースを作ろう

（1）遊びの導入

　3歳児になると、少し保育者が援助するだけで友達と2人でクッキングカードを見ながらクッキングをすることができます。準備できる用具の数や保育室の広さにもよりますが、一度に3～4組ぐらいでするのがよいでしょう。保育者はおやつの時間に自分が作ったミックスジュースを子どもたちに見せて、「先生が作ったこのミックスジュース、とってもおいしかったのよ。みんなも

作ってみない?」と呼びかけました。子どもたちは「作りたい、作りたい!」と大騒ぎです。そこで、保育者手製のクッキングカード(図13-1)を見せ、「ここにミックスジュースの作り方が書いてあるから、これを見ながらお友達と2人で作ってね」と言いました。

(2) 準備物
1) 素材や用具(4組8人分の材料)
①ミキサー4台
　ミキサーはあらかじめ机の上に置いておくが、コンセントは抜いておき、子どもたちが使うときに保育者が電源に差し込む。使い終わったら保育者が電源を抜くなど、安全管理を徹底する。
②水の入ったピッチャー4つ(缶詰のシロップと水を同じ割合で混ぜる)
③ミカンの缶詰1缶(1人3粒×8人分)
④パイナップルの缶詰半缶(1切を4等分したパイナップル、1人2個×8人分)
⑤バナナ(1本を8等分したバナナ、1人1個×8人分)
⑥冷蔵庫で製氷した氷16個(1人2個×8人分)
⑦計量カップ4つ(140ccのラインに赤い線を引いておく)
⑧トング4本(写真13-1)
⑨皿4枚　⑩コップ8個
⑪ストロー8本　⑫コースター8枚
⑬ピッチャー4つ(ジュースをミキサーから移してコップにつぎ分ける時に使用)　⑭クッキングカード4セット(図13-1)

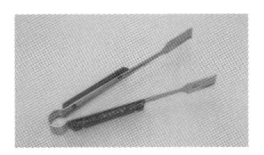

写真13-1　トング

2) **クッキングカード**
　手製の色つきのクッキングカードは、以下の通りです。各カードをクリアファイルに入れて絵本のようにめくって見ることができるようにします。ページ数はクッキングの順番を示します。

142　第Ⅱ部　実践編

図13-1

（3）実践事例

　クッキングカードを使うねらいは、子どもたちができるだけ保育者に頼らずに自分たちでクッキングをできるようにするためですが、年少児の場合や経験し始めの時には、クッキングカードを渡しても、子どもたちはとかく保育者に頼ろうとします。そのような子どもの姿を実践記録で紹介しながら、子どもたちの自律性を育てるために、保育者はどのように関わったらよいかについて考

第 13 章　クッキング　143

察することにしましょう。

1）A児（3歳1か月、男児）とB児（3歳3か月、男児）：
　　お友達と一緒にできるかな？

　A児とB児はエプロンをつけ、手を洗ってクッキングを始める準備をしましたが、調理台の前でじっとしています。

保育者：「準備ができたら始めましょう。」
A　児：「先生、何をしたらいいの？」
保育者：「何をしたらいいかはこのクッキングカードに書いてあるから、これを見ながら作りましょう。」
A　児：クッキングカードの1ページをめくり、「先生、パイナップルを持ってくるの？」
保育者：「Bくんと一緒に作るのだから、Bくんに聞いてみたら？Bくんと相談してわからないことがあった時は、先生に聞いてね。」
A　児：「Bくん、パイナップルをとってくるの？」とB児に尋ねる。
B　児：クッキングカードをみて、「うん。」
A　児：パイナップルを持ってくる。

図13-2

〈考察〉

　A児とB児はエプロンをつけてクッキングを始める準備をしたものの、どうしたらよいのかわからないようすでした。A児が「何をしたらいいの？」と保育者に尋ねたのはそのためです。子どもの性格にもよりますが、初めて子どもたちだけでクッキングをする時は、とかく不安になるものです。ですから、子どもたちだけでクッキングができるようになるためには、いくつかのステップが必要です。それなのに、いきなり「自分たちだけでするのですよ」と保育者が言ってしまうと、子どもたちの不安は助長され、逆に他律性（依存性）が強化されてしまいます。ですから、この場面では「そうね、何をしたらよいのか、先生と一緒にクッキングカードを見てみましょう」と言って、子どもたちと一緒にカードを見ながら作る方がよいでしょう。クッキングカードは保育者

に頼らず子どもたちだけでするという点では自律性の発達に役立ちますが、そのことが子どもたちだけでしなければならないというプレッシャーになってしまうと、逆効果です。ですから、年少児の場合や初めてクッキングをする時には、まず①クッキングカード（1ページ1作業）の使い方　②カードの絵や文字の読み取り方　③器具の使い方や安全性について保育者と一緒に話し合ったり、一緒にやってみたりしながら子どもがクッキングカードの使い方に慣れることが大切です。さらに、子ども同士でクッキングをしている時にも、保育者は子どもたちだけでできることと、できにくいことを見分けながら、適切な援助をすることが必要です。

2）E児（3歳5か月、女児）とF児（3歳7か月、女児）：
　　同じだけコップに入ってる？

　ジュースができあがると、E児とF児はジュースをミキサーからピッチャーに移し替えました。

2　人：それぞれ自分のコップを取りに行き、調理台に持ってくる。
E　児：自分のコップにジュースをたくさん入れる。
F　児：残りのジュースをコップに注ぐが半分しかない。E児のコップと自分のコップを見比べ、不満そうな顔をしてじっとしている。
E　児：コースターとストローを用意し、イスに座ってさっそく飲み始める。
F　児：しぶしぶ半分のジュースを飲み始める。

写真13-2

〈考察〉

　E児は自分のコップにジュースをいっぱい注ぎ、飲む準備ができると自分だけで先に飲み始めてしまいました。つまり、E児は「ジュースは2人で作ったのだから、F児と同じ量に分けなければならない」とは考えていないのです。こういった自己中心的な姿や、一方の子がたくさん注いで他の子が少なくなってしまうトラブルはよくあることです。こういった場合には、保育者が何らかの介入をする必要があります。しかし、だからといって保育者が一方的に「あなたのは多すぎるから減らしなさい」とE児に命令するのは、E児の他律性を強めるだけです。大切なことは、E児が"公平さ"や相手の視点に立ってこの問題を受け止められるようになることです。ですから、こういった場合は、例えばE児に対して「これでFちゃんもあなたと同じだけ飲めるかしら？」といった言葉かけをするのがよいかもしれません。あるいは、2人で問題点を話し合えるように、「2人とも同じだけジュースが入っているかしら？」といった言葉かけをするのもよいでしょう。そうすれば、F児も「自分もE児と同じようにジュースを飲みたい」という気持ちをE児に伝え、2人が話し合うことによって、同じジュースの量にすることができたかもしれません。

4. みかんゼリーを作ろう

　5歳児になると2人分だけでなく、4人分や6人分の料理が作れるクッキングカードを使うこともできるようになります。「みかんゼリー」で準備した材料と用具は、以下の通りです。

（1）　素材や用具（4人分）

①トング1本　②計量カップ1個　③お玉1本　④卓上コンロ1台
⑤ゼリーカップ4つ　⑥寒天3/4本　⑦水200cc　⑧なべ1つ
⑨計量スプーン（小）1本　⑩すり切り棒1本　⑪みかんの缶詰1缶12粒
⑫砂糖5はい　⑬カルピス50cc　⑭氷の入ったバット　⑮皿4枚
⑯スプーン4本　⑰クッキングカード（図13-3）

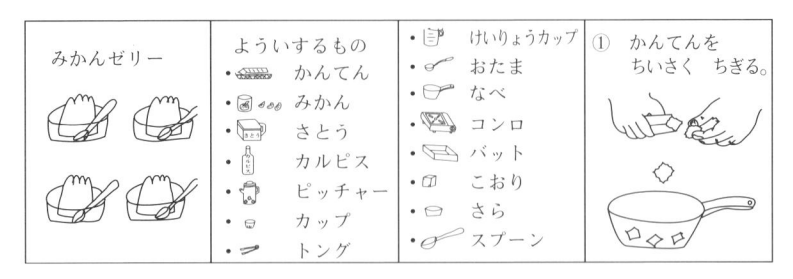

図13-3

（2） 実践事例

ここでは、G児（5歳10か月、男児）とH児（6歳5か月、女児）が、クッキングを通してどのような知識を構成したかについて考察してみましょう。

1） 文字の読み

G児とH児はさっそくカードを見ながらクッキングを始めました。G児は寒天の絵をさして、「これなに？」とH児に聞きました。H児は絵の上に書いてある字を1字1字押さえながら、「か・ん・て・ん・を・ち・い・さ・く・ち・ぎ・る。寒天だ！」と言いました。G児もそれに合わせて、「か・ん・て・ん・を・ち・い・さ・く・ち・ぎ・る」と読みました。

図13-4

〈考察〉

寒天はG児にはなじみのない物だったので、絵を見ただけでは何かわかりませんでした。そこで、G児がH児に聞くと、H児は1字1字を拾い読みしながら、寒天であることを読み取りました。このように、クッキングカードは絵と文字の両方から作られているので、子どもたちは絵を手がかりにして文字を読んだり、意味を読み取ったりすることができます。クッキングカードにおけるこのような"読み"の活動は、ワークブックにおける読みの活動とは違い、子どもたちは興味のあることを達成する（みかんゼリーを作る）ために自発的に読もうとします。しかも、それは単なる読むために読むのではなく、"意味をとるために読む"という点でもワークブックにおける読みとは大きく異なって

います。このような意味で、クッキングカードは子どもたちの文字の知識や読解力を育てることにも大いに役立っているのです。

2） 時間的な思考

　カードに書いてある"おたまで　かんてんが　とけるまで　まぜる"時、2人は一緒に混ぜながら、「だんだん寒天がすきとおってきた」、「もう寒天がなくなってきた」と話していました。また、カードに書いてある"ゼリーを　こおりの　はいった　バットに　いれて　かためる"時、バットに入れてしばらくした後、2人は固まったかどうかを確かめようと、バットをのぞきに来ました。そして、「カップにくっついているところはもう固まっているけれど、ほかはまだだね」と言いました。それから、またしばらくすると固まったかどうかを確かめました。そうやって、何回も確かめた後、「できた！」とうれしそうに言いました。

図 13-5

図 13-6

〈考察〉

　「だんだん寒天がすきとおってきた」、「もう寒天がなくなってきた」という言葉からもわかるように、G児とH児は寒天の変化を"だんだん"とか"もう"といった言葉を通して時間的に関係づけています。

　また、ゼリー液を固める時には、「カップにくっついているところはもう固まっているけれど、ほかはまだだね」と言って、ゼリーは冷やせば冷やすほど

だんだん固まっていくという時間的関係づけもしています。このように、クッキングには事物の変化を時間的に関係づける機会がたくさんあります。

3）数的思考

　カードに書いてある"4つの　カップに　みかんを　3こずつ　いれる"時、G児はまずみかんを3個とってきて1つめのカップに入れ、また3個とってきて2つめのカップに入れました。そしてまた、3個取りに行こうとすると、H児が「あと2人分いるから、6個持ってきたらいいよ」と言いました。そこで、G児はみかんを6個数えてとってくると、3つめと4つめのカップに3個ずつ入れました。

　"カップに　えきを　いれる"時には、H児とG児は交代しながら4つのカップにゼリー液を入れていきました。そして、4つのカップに入れ終わった後、「どれが少ない？」、「これ？」、「じゃ、これが多そうだからこっちから移そう」と2人で相談しながら、4つのカップが同じ量になるように調節しました。

写真13-3　トングでみかんを入れているところ

〈考察〉

　みかんを入れる時、G児は毎回3個ずつ取って来てカップに入れましたが、H児は「あと2人分いるから、6個持ってきたらいいよ」と言いました。つまり、H児は1つのカップにはみかんが3つ必要で、カップはあと2つあるから合計6個だと考えたのです。さらに、2人は4つのカップにつぎ分ける時、相談しながらゼリー液の多いカップから少ないカップに移し替えて同じ量になるようにしました。2人は4つのカップの量を順序づけ、多いカップから少ないカップへどれくらい移したらよいかを数量化しているのです。

　このように、クッキングには数量について考える場面がたくさんあります。文字の読みがそうであったように、数の面でも、ワークブックで数えたり足し

たりするのとは違って、子どもたちは興味のある目標を達成するために自発的に数えたり、足したり、分けたりしているのです。

5. まとめ

　子どもたちでするクッキングは、情意的な満足感や達成感を与えてくれるのはいうまでもありませんが、子どもたちはクッキングを通してたくさんの物理的知識を身につけました。用具や器具の名称や安全な使い方を知るといった社会的知識も豊かにしました。また、クッキングカードを"読む"ことによって、文字の知識や読解力も豊かにしていきました。ミカンの数を"数える"ことや量を"計る"といった数量化を通して、算数的知識も豊かにしていきました。また、社会的な発達の側面からは順番を決めたり、協力したり、役割を決めたりすることを通して豊かな社会性を身につけていきました。このように、クッキングはいろいろな発達の側面が相互に関わり合う豊かな活動ですが、しかし、それらは子どもたちの"自律性"の発達にともなって進歩するものであることに留意してください。

6. ワンポイントQ＆A

Q1. 安全面や衛生面で留意することはありますか？
A1. 保育者は子どもの安全を第一に考えて取り組まなければなりません。まず、年齢によって子どもができることと保育者がした方がよいことを区別します。例えば、ホットプレートでホットケーキを焼くとき、3歳までは保育者がしますが、5歳以上になると保育者が見守っている中で子ども自身にやらせるようにします。また、ホットプレートに当たってやけどをしないように、木製の安全カバーを作るのも必要です。
　衛生面では、エプロンや三角巾をつける、石けんでよく手を洗う、器具や机を消毒することは基本です。それ以外にも、落とした物をそのま

ま使わない、台拭きや雑巾を使った後は手を洗う等、保育者が活動中に注意を払わなければならないことがいくつかあります。しかし、保育者が神経質になりすぎて、クッキングが窮屈なものにならないように留意してください。また、前もってお集まりの時間に具体的な場面を取り上げて安全や衛生について日頃から学んでおくことも大切です。

Q2. どんなメニューが子どもたちに望ましいですか？

A2. まず、そのメニューが子どもたちの興味をそそる物でなければなりません。それから、子どもたちだけでできるぐらいの簡単なメニューであること、できあがりまでの時間が長すぎないこと、工程数が多すぎないこと、工程の中でいろいろな関係づけができること（例えば、焼く・蒸す・煮る・冷やす・混ぜることによる物の変化）も大切です。これらの点からおすすめのメニューは、1〜2歳ではホットケーキや季節のジュース、3〜4歳ではミックスジュースやクッキーやカップケーキ、5〜6歳ではゼリーやおだんごやアイスクリームやパンなどです。なお、子どもたちの経験回数や発達のレベル、クッキングカードを読める能力によってメニューを選んで下さい。

7. 指導案：3歳児「ミックスジュースを作ろう」

発達的側面	〈情緒的側面〉 ・自分たちでジュースを作ることの喜びを味わう。 〈知的側面〉 ・ミキサーに入れると固体から液体に変化することに気づく。 ・量を計ったり、分けたり、数えたりする。 ・ミキサーなどの用具、器具の名称や使い方を知る。 ・クッキングカードの絵や文字や数を読んだり、理解したりする。 〈社会・道徳的側面〉 ・手を洗ったり、消毒をしたりするという衛生面について知ったり、台拭きや雑巾の使い方を知る。 ・友だちと相談したり、協力したりしながらお料理をする。 ・使った用具や器具を片付ける。

第 13 章　クッキング

環境構成	子どもの活動	保育者の言葉かけと手だて
〈保育室〉 調理机　調理机 準備机　ミキサー 準備机にある器具・用具 ・台拭き　・雑巾 ・ミキサー ・水の入ったピッチャー ・ミカンの缶詰 ・パイナップルの缶詰 ・バナナ ・氷 ・計量カップ ・トング ・皿 ・コップ ・ストロー ・コースター ・ピッチャー ・クッキングカード 〈準備物〉 ・エプロン ・石鹸 ・個人用タオル ・消毒液 ・机 ・テーブルクロス	◎クッキング「ミックスジュース」を作る。 ○準備をする。 ・先生と一緒に机、テーブルクロス、器具、用具を準備する。 ・エプロンをつける。 ・石けんで手を洗う。 ・消毒をする。 ○パートナーとカードを見ながら「ミックスジュース」を作る。 ・みかんを皿に6粒とる。 ・パイナップルを皿に4つとる。 ・バナナを皿に1つとる。 ・果物をミキサーに入れる。 ・水を計量カップの赤い線まで入れる。 ・水をミキサーに入れる。 ・ふたをしてスイッチを入れる。 ・ピッチャーにジュースを移す。 ・ジュースをコップに分ける。 ・氷を2つ入れる。 ・ストローとコースターをつける。 ○ミックスジュースを飲む。 ・「いただきます」をする。 ○片付ける。	・あらかじめ必要な材料や用具を準備しておく。 ・クッキングの取り組みが初めての場合や慣れていない時には、「何をしたらよいのか、先生と一緒にクッキングカードを見てみましょう。最初に何をしたらいいと書いてある？」と言って、保育者と一緒に話し合ったり、実際にやってみたりしながら子どもがクッキングに慣れていけるようにする。 ・子どもたちだけでできることと、できにくいことを見分けながら、適切な援助をする。 ・できるだけ子どもたちでクッキングカードを読み取りながら進めていくことを原則とし、友だち同士の協力に目を向けさせる。 ・ミキサーはあらかじめ机に置いておく。コンセントは抜いておき、子どもたちが使うときに保育者が電源に差し込む。使い終わったら、保育者が電源を抜き、安全に留意する。 ・1人だけが作業をし、もう1人は何もさせてもらえない、ジュースをつぐとき量が違うなどの問題が起こったときは、2人で話し合えるような機会を作る。

第14章

色水遊び

尾崎恭子（元・アラバマ大学バーミンガム校）

1. はじめに

　子どもたちは水遊びが大好きです。色水を使うと、子どもたちはさらに興味をもって遊びます。「色水遊び」は多くの保育現場で取り上げられている活動ですが、そのねらいは色水を組み合わせることによっていろいろな色の作り方を覚えることにあります。しかし、構成論における色水遊びのねらいは、子どもたちの考える力を豊かにしていくことにあります。

　3章にあるように、物と関わる遊びには2種類ありますが、色水遊びは「物の変化を作り出す遊び」の代表的なものです。例えば、赤の色水と白の色水をまぜたら（原因）桃色に変化します（結果）。赤の色水と黄の色水をまぜるとオレンジ色に変化します。そういった変化を作り出すために、子どもたちはいろいろな色の組み合わせを考えたり、新しい色を作り出すことを通して論理的に考える力や創造的に考える力を身につけていきます。

　色水遊びを最初に導入する時には、タイプⅠの遊び方から入ります。保育者はまず子どもに赤、青、黄の色水（3原色）を見せて、「これを使ってどんなおもしろいことができるかしら？」と投げかけ、それらを使って自由に遊ぶよう励まします。すると、子どもたちはカップや容器ですくったりこぼしたりしながら、水の流れやしぶきや音など、興味深そうに見つめます。また、すくった水をいろいろな容器に次々と注いだり移し替えたりしながら飽きることなく遊び続けます。色水遊びを初めて経験するときや年少の子どもたちは、たいていこのようなタイプⅠの遊び方から始めます。したがって、タイプⅠの遊び方は、子どもたちが主に水の性質についての知識（物理的知識）を知ろうとする

活動であると言えます。

　子どもたちがタイプⅠの遊びを十分楽しんだ頃を見はからって、保育者はタイプⅡの遊び方を導入します。タイプⅡの取り組みでは、保育者は子どもたちに以下に述べるような準備をして、「この色水を使って、いろんな色を作って遊びましょう。どんな色ができるかな？」と呼びかけます。タイプⅡの遊びでは、子どもたちは自分の作りたい色水を作り出そうとして、いろいろな色の組み合わせについて考えます。

写真14-1

　保育者はさらに多くの子どもたちがいろいろな色水を作れようになった頃を見はからって、タイプⅢの遊び方を導入します。タイプⅢの取り組みでは、保育者は「お友達と一緒にジュースやさんをして遊びましょう！」と呼びかけ、協同的な遊びに発展させます。子どもたちはジュースやさんになって売ったり買ったりする役割行動や、それにともなう造形的活動（看板作りなど）、数的活動（お金作り）、読み書き（メニュー作り）などの活動を通して、物理的知識だけでなく、造形、算数、読み書きなどの幅広い知識を発達させていきます。

　そこで本章では、4歳児が取り組んだタイプⅡの「いろんな色水を作って遊ぼう」と5歳児が取り組んだタイプⅢの「ジュースやさんをして遊ぼう」についてレポートすることにしましょう。

2.　いろんな色水を作って遊ぼう

（1）　遊びの導入

　保育者は以下に示すような素材や用具を園庭に配置し、4歳児クラス（24人）の子どもたちにタイプⅡの遊びを投げかけました。そして、半分の子ども

154 第Ⅱ部　実践編

たちが先に色水遊びをし、残りの半分の子は砂場で遊ぶことにして、20分ぐらいしたら交代することにしました。

　園庭にでると、保育者は子どもたちの前で絵の具を水でといて、赤、青、黄、白の4色の色水を作りました。それから、保育者は透明のカップに赤の色水を入れ、「これから黄色の色水をこの中にいれますよ。さあ、どうなるかしら？」と言って黄色を入れました。すると、「わあ、オレンジ色になった！」、「ぼくも作りたい、わたしも！」とみんな興味を示しました。「じゃあ、みんなもどんな色水がつくれるかやってみましょう。そして、できあがった色水はあちらの机に並べておきましょう」と保育者が言うと、子どもたちは大喜びで遊び始めました。

（2）　準備物と環境構成
用意した素材や用具（12人分）は次の通りです。

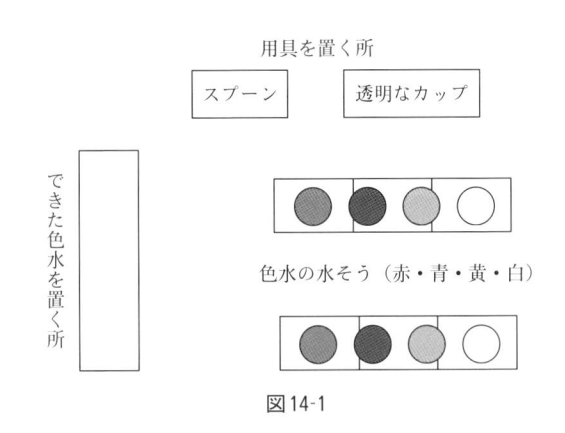

図14-1

①透明な容器：市販のプラスチックカップ　60個くらい（1人5～6個）
　　色の変化がすぐに見えるよう、透明な容器を用意します。透明だと、どの色水をまぜたら（原因）どんな色に変化したのか（結果）を考えることができます。
②絵の具（赤、青、黄、白）
　　色は3原色（赤、青、黄）と白色を用意します。この4色があれば、どん

な色でも作り出すことができます。2歳児以下の年少児には、安全性を考慮して食紅を使います。
③すくうもの：洗剤用スプーン　15本くらい（1人1本）
　すくうものとしては、おたま、レンゲ、スプーンなどがありますが、洗剤用スプーンが子どもに1番適しています。
④透明な水槽　8個
　透明な水槽は市販の飼育用ケースを利用します。形はいろいろありますが、子どもの手が底に届く高さのものにします。
⑤机　3〜4台
⑥できた色水を置くところ（机）
　子どもが色の分類ができるように、カード（オレンジ色、緑色、紫色に塗ったカップの絵）を机にはっておきます。

(3)　実践事例
1)　A児（4歳0か月、女児）：かき混ぜたから色が変わる！
　保育者の導入が終わると、A児はすぐにカップとスプーンを持って、色水の水槽のところにやってきました。そして、カップに赤色を1杯入れ、続けて青色も1杯入れました。それから、スプーンで4〜5回"グルグルかき混ぜ"ました。そして「わあ、紫になった」と言って、うれしそうに机の上に置きました。
　それから今度は、別のカップに黄色を2杯入れ、続けて赤色も1杯入れました。そしてまた、スプーンで"グルグルかき混ぜ"ました。「先生、今度はオレンジ色になった」と言って、保育者に見せにきました。
　保育者はA児が机の上に並べたたくさんのカップを見て、「わあ、いろんな色ができたね。どうやって作ったの？」と尋ねました。すると、A児は「あのね、スプーンでグルグルまわしたからできたの」とうれしそうに答えました。そこで、保育者が「グルグルしなくてもできるかしら？」と尋ねると、A児は「ううん、グルグルしないとダメ！」と答えました。

〈考察〉

　ここでＡ児が取り組んだ色水遊びは「物の変化を作り出す遊び」ですから、人の行為よりも事物それ自体が持っている性質の方が大きな役割を果たします。つまり、色が変化するのは、"人がグルグルかき混ぜる"からではなく、"色水自体の性質"によるものです。しかし、「グルグルかき混ぜなくても色が変わるの？」という保育者の問いかけに対するＡ児の答えからもわかるように、Ａ児は"グルグルかき混ぜる"から色が変化するという因果関係を作り上げています。Ａ児にとって、色水が変化する原因は、"自分が"グルグルかき混ぜるからなのです。

　このような幼児期の思考の特徴である「自己中心性」は、色水遊びだけでなくいろいろな活動に見られます。例えば、斜面でボールを転がす時、幼児は必ずといってよいほどボールを手で押します。そして、ボールが転がるのは、"自分が"手で押すからだと答えます。しかし、子どもたちは斜面遊びでも色水遊びでも興味をもって遊び続けていくうちに、かき混ぜなくても色は変化するし、斜面では押さなくてもボールは転がることを"発見"するようになります。そして、しだいに脱中心化して正しい因果関係を作り上げ、豊かな物理的知識を構成するようになります。子どもたちがいろいろな色を組み合わせて、たくさんの色水を作り出すことができるようになるのはそのためです。

写真14-2

2）Ｂ児（5歳1か月、男児）：どれを混ぜたらオレンジ色ができるの？

　子どもたちは2つの色を混ぜるといろいろな色に変化することがわかると、今度は自分が作りたい色を作ろうとします。

　Ｂ児はオレンジ色を作ろうとして、まず黄色を入れたカップを持って、「どの色と混ぜようかな？」と言いながら4色の水槽を次々とのぞき込みました。そ

して、「白かな？」と言って黄色の入ったカップに白色を入れましたが、オレンジ色にはなりません。

そこで、B児は新しいカップに黄色を入れ、今度は青色の水槽を見て、「青色を混ぜたらいいかな？」と言って青色を入れました。そして、「あれ、緑色になった。オレンジじゃない」と言いました。

B児はまた別のカップを取ってきて黄色を入れ、「どれかな？」と言いながら白色と赤色の水槽を見ました。そして、白色を入れようとしましたがすぐにやめて、「さっきやった色だからダメだ」と言いました。そして、「赤にしよう」と言って赤色を入れました。「あっ、オレンジになった！」とB児は驚いて言いました。続けて、B児はもう1度新しいカップに黄色を入れ、「わかった、赤だ！」と言いながら赤色を入れました。そして、オレンジ色に変化したのを見て、「できた！やっぱり赤だ」と満足そうに言いました。

それからまた、B児は新しい別のカップに黄色を入れようとしました。しかし、途中でやめて、今度は先に赤色を入れ、それから黄色を入れました。カップの色水がオレンジ色に変化したのを見ると、B児は「反対から入れても同じだ！」と大きな声で言いました。

〈考察〉

事例からわかるように、まずB児は黄色と白色を混ぜました。しかし、結果がオレンジ色にならなかったので、今度は黄色と青色との組み合わせを試しましたが、それも失敗しました。その後、B児がまた同じ組み合わせ（黄色と白色）をやろうとしてすぐにやめたのは、「すでに試した組み合わせ」と「まだ試していない組み合わせ」とを区別したからです（分類）。そして、すぐにB児はまだ試していない黄色と赤色を混ぜて、オレンジ色を作ることに成功しました。

B児の成功は、黄色と白色、黄色と青色、黄色と赤色という3つの色の組み合わせを論理的に作り上げ、それらを順番に試すという組織的な方法によってもたらされたものです。しかも、うまくいった組み合わせ（黄色と赤色）を一般化するために、B児はもう一度試して確かめています。さらに興味深いことは、黄色と赤色の組み合わせであれば、どちらの色から先に入れ

てもオレンジ色になるということをB児が発見したことです。このことは、色水遊びによって、物理的知識だけでなく論理的で創造的な思考力も豊かになることを示しています。

3） C児（4歳10か月、男児）：緑色の作り方

ここでは、C児の活動に対する保育者の言葉かけについて考察しましょう。

①Ｃ　児：青色を入れた透明カップに赤色を入れ、「先生、紫色になった！」と言う。
②保育者：「どれとどれを混ぜたの？」
③Ｃ　児：水槽を指さしながら「これ（青）とこれ（赤）。」
④保育者：「じゃあ、今度は緑色をつくれるかな？」
⑤Ｃ　児：「うん」と言って、青色と赤色を混ぜる。紫色になったのを見て捨てる。
⑥Ｃ　児：今度は赤色と黄色を混ぜる。オレンジ色になったの見て、首をかしげながらカップの色水を捨てる。
⑦保育者：他の子に向かって、「誰か緑色の作り方を知っている人がいるかしら？Ｃくんが緑色を作りたいんだって」と言う。
⑧Ｄ　児：「うん、いいよ」と言ってＣ児の所に来る。水槽を指しながら、「青色と黄色をいれたら緑色になるよ」と言う。
⑨Ｃ　児：「うん」と言って、カップに青色を入れて次に赤色を入れようとする。
⑩Ｄ　児：「ちがうよ、黄色！」
⑪Ｃ　児：青色の入ったカップに黄色を入れる。
⑫Ｄ　児：緑色に変わったのを見て、「ほらな」と言う。
⑬Ｃ　児：次の新しいカップをとってくる。「やっぱりこの色にしよう」と言って、青色と赤色を混ぜ、「紫色ができた！」とうれしそうに言う。

〈考察〉

　C児に対する保育者の言葉かけには、2つの問題点があるように思われます。1つめは、④の「緑色を作れるかな？」という言葉かけです。保育者はC児が紫色を作れるようになったので、今度は違う色を作らせようとして、「緑色を作れるかな？」と言ったのです。タイプⅡの遊び方を導入しようとする時、よく保育者は「～することができますか？」という提案をしますが、ここでの言葉かけは提案というよりも"押しつけ"になっているように思われます。「～できますか？」という提案の目的は、それによって子ども自身がより意欲的にその課題を達成しようとする動機づけになるからです。したがって、保育者の提案が"子ども自身の達成したい"課題でなかったら、それは保育者の押しつけになってしまいます。D児に教えてもらったにもかかわらず、C児がまた紫色を作って満足していることからすると、ここでの保育者の提案は早すぎたことがわかります。ですから、こういった場合はC児が紫色を作ることに飽きてしまうまで待って、それから先のような提案をするのがよいでしょう。

　2つめの問題は、C児が求めていないのに、すぐにD児に緑色の作り方を教えてあげるように言った⑦の保育者の言葉かけです。確かに、保育者が教えるよりも、同じ立場にある子どもが教える方が望ましいと言えます。しかし、色水遊びのねらいは、子どもにいろいろな色の作り方を覚えさせることではありません。ですから、ここでも保育者は待つべきでした。というのは、緑色を作るということがC児にとって興味のあるものとなれば、C児は何とかしてそれを作り出そうとするに違いないからです。C児が行き詰まった時、その時こそが保育者がC児を援助する1番よいタイミングであると言えるでしょう。

3.　ジュースやさんをして遊ぼう

（1）　遊びの導入

　多くの子どもたちがいろいろな色水を作れるようになった頃を見はからって、保育者は「今日はみんなでいろいろな色水を作って、ジュースやさんごっこをして遊びましょう」と呼びかけました。すると、「わたしはジュースやさ

写真14-3　ジュースやさんの写真

んがいい！」、「わたしはジュースを買いに行きたい！」、「ぼくはジュース作る人になりたい！」とみんな大喜びです。そこで、保育者が「じゃあ、ジュースやさんごっこをするにはどんな人がいて、どんな物がいるか、みんなで考えてみましょう」と言って、話し合いに入りました。そして、それぞれの役割とそれぞれの仕事を決めると、みんなで必要な物を準備したり作ったりして、ジュースやさんごっこを始めることになりました。

（2）準備物と環境構成（12人分）
① 色水の入った水槽
　（赤、青、黄、白）
② 透明カップ50個くらい
③ トレー 5〜6個
④ ストロー 50本
⑤ テーブルクロス
⑥ エプロン
⑦ お金
⑧ メニュー

図14-2

（3）実践事例
　ここではジュースやさんごっこの役割と仕事を決めた後、ジュースを売る係になったE児とF児がどんなジュースのメニューを考えたか、そして、G児とH児とI児がそれをもとにしてどんなメニューを書いたかについて紹介しましょう。

1) E児（5歳4か月、女児）とF児（5歳0か月、男児）：ジュースの名前をつけよう。

E児とF児は色水で作ったいろいろな色を見ながら、2人でジュースの名前を決めることにしました。

E児：赤色と青色を混ぜたカップを見て、「これはぶどうジュースっていう名前にしよう。」

F児：「紫色だからぶどうジュースなんだね。」

F児：赤色と黄色を混ぜ、「これはみかんジュースという名前にしよう。前に飲んだみかんジュースおいしかったよ。」

E児：青と黄を混ぜたカップを見て、「これは抹茶みたいだから、抹茶ジュースって名前にしよう。」

F児：E児の抹茶ジュースを別のカップに分けて、それに水を加え、「水を入れたら薄くなった。だから、メロンジュースにしよう」と言う。

F児：全部の色を混ぜたカップを見せて、「これはコーラにしようかな？」

E児：「コーヒーでもいいんじゃないの？」

F児：「子どもはコーラの方が好きだから、コーラの方が売れるよ。」

E児：「じゃあ、コーラでいいよ。」

F児：白色と青色を混ぜたカップを見て、「これは何ていうジュースにする？何か、あたらしい名前にしよう。」

E児：「シュワってする感じだから、ハワイブルーはどう？」

2人：「そうしよう、そうしよう。」

〈考察〉

E児はさっそく赤色と青色を混ぜて、「これはぶどうジュースという名前にしよう」と言いました。一方、F児も負けじと赤色と黄色の色水を混ぜて、「これはみかんジュースにしよう」と言いました。このようにして、2人は違う色を混ぜていろいろな色水を作り、ジュースのイメージと作った色水の色とを関係づけて、いろいろなジュースの名前を考え出しました。

一方、F児はE児が作った抹茶ジュースに水を足して、「これは薄い緑色だからメロンジュースにしよう」と言って、色の濃淡を関係づけてジュースの名

前を考え出しました。そして、最終的に、E児とF児はそれぞれに色の違った9種類のジュースの名前を考えました。このように、ジュースのイメージをふくらませることによって、子どもたちはたくさんの色の組み合わせや濃淡を関係づけ、さらに物理的知識を豊かにしていきました。

２）　G児（5歳4か月）とH児（5歳8か月）とI児（5歳11か月）：
　　　メニューを作ろう。

　ジュースの名前が決まったところで、G児とH児とI児はジュースの名前と値段を紙に書いてメニューを作ることにしました。

G児：「最初はみかんジュース」と言って"みかんじうす"と書く。
I児：「"じうす"、これじゃあジュースにならないよ。」
G児：「じゃあ、どう書いたらいいの？」
I児："じ"と"う"の間を指して、「ここに、小さい"ゅ"をいれたら？」
G児：「うん」といって、"じ"と"う"の間に小さい"ゅ"を書く。
3人：「じゅうす」と読む。
I児：「でもさ、ジュースって、カタカナのほうがいいんじゃない？」
3人：「じゃあ、カタカナにしよう。」
I児："みかん"の横に"ジュース"と書き直し、さらに"100"と書く。
G児：「こんどは抹茶を書こう。」
　　　「まっちゃジュース」と言いながら、"まちゃジュース"と書く。
I児：「えー、これじゃあ"まちゃ"になる。"まっちゃ"にならないよ」
G児：「それじゃあ、どうやって書くの？」
H児："ま"と"ち"の間に小さい"っ"を書いて、「これでどう？」と言う。
3人：「まっちゃジュース」と読んで、「うん、これでいい」と言う。
H児：「抹茶って高いかな？」
I児：「みかんジュースより高いよ。」
G児：「じゃあ、200円くらい？」
H児：「それより安いんじゃないかな。150円はどう？」
G児："まっちゃジュース"の横に"10050"と書く。
H児：「これだったらゼロが多すぎるよ。（1の横の00を指して）これとっ

　　　　たら？」
　G児："10050"を消して隣に"150"と書く。
　3人：「ひゃくごじゅうえん、これでいい。」
　I児：「こんどはメロンジュース」と言って"メロンジュース"と書く。
　　　　「メロンはいくら？」
　H児：「抹茶より安いかな？」
　G児：「うん、50円。」
　H児：「それより高いよ。120円くらいでいいんじゃない？」
　G児：「いいよ。」
　I児：「ひゃくにじゅう」と言いながら
　　　　"120"と書く。

　このようにして、3人は協力して9種類のジュースの名前と値段を紙に書きました。それをH児が色画用紙に貼り、表紙にG児がジュースの入ったカップとストローの絵を描き、さらにその絵の上にI児が"メニュー"と書いて、すてきなメニューができあがりました。

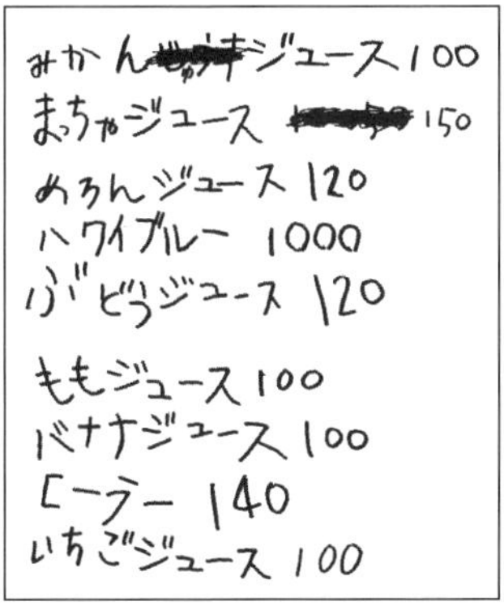

図14-3　子どもの書いたメニュー

〈考察〉
　実践記録からもわかるように、子どもたちのメニュー作りは物理的知識が基礎になって、文字や数字の読み書き、算数、メニューのデザイン（絵画製作）など、いろいろな領域の知識が一緒になって深まっていく活動です。3人の子どもたちは協力しながらジュースの名前と値段を書き、文字や数字の読み方や書き方についての知識を豊かにしていきました。3人のうちの誰かが書いた文字を他の子が読んでおかしいと気づくと、例えば"じうす"を"じゅうす"と訂正したり、カタカナで書いた方がよいことにも気づいて、"ジュース"と書き直しました。
　また、算数の面でも、数字を書くときには、先生から教えてもらわなくても、子どもたちで"10050"を"150"と直しました。そして、抹茶ジュースの値段を決める時には価格（数）を順序づけて、100円（みかんジュース）よ

りも高くて 200 円よりも安い 150 円にしました。

このように、物と関わる遊びが協同的な遊びに発展することによって、子ども同士の相互作用が深まり、子どもたちの知識はさらに豊かなものになっていきます。

4. ワンポイント Q & A

Q1. 何色をどのくらい用意するのですか？

A1. 遊びはじめ（タイプⅠ）は 3 原色（赤・青・黄）を用意して子どもたちの自由な活動を励まします。そして、子どもたちが色の変化を作り出すことに興味をもつようになったら（タイプⅡ）、4 色（赤・青・黄・白）用意します。水槽の数は、子どもが 1 カ所に集中しないよう 2 カ所に分けて（2 セット分）用意するのがよいでしょう。ここで大切なことは、ポスターカラーを水で溶くときの濃度です。混ぜた時に色の変化がすぐに見える濃度にします。例えば、赤色と青色を同じ量入れたら紫色に変わる濃度になっているかどうか、保育者が事前に作って試してみて下さい。そして、毎回使う色水の濃度を一定にしておくことも大切です。昨日した色水遊びでは赤色 1 杯と黄色 1 杯でオレンジ色に変化したのに、今日の色水では赤色 1 杯と黄色 4 杯でないとオレンジ色にならないというように濃度が違うと、子どもは色の変化と色水の量、色の組み合わせとの関係づけをすることがむずかしくなります。

Q2. 色水遊びの取り組み方や期間はどれくらいですか？

A2. 取り組む期間は、年齢や発達、遊び方によっても異なります。年少児や初めて色水遊びをするときはタイプⅠの遊び方から入りますが、子どもたちがすでに水遊びの経験を十分している場合は、タイプⅡの遊び方から入ることもできます。タイプⅢの遊びは、子どもたちみんながタイプⅡの遊びを十分経験してから導入します。2～4 歳児ではタイプⅠとⅡの遊び方、4～5 歳児ではタイプⅡとⅢの遊び方がよいと思います。期

間としては、タイプⅠ～Ⅱの遊びも、タイプⅡ～Ⅲの遊びもどちらもおよそ1週間くらい遊びます。しかし、クラスの子どもたちの人数や興味によっても異なるので、子どもたちのようすを見ながら決めて下さい。

5. 指導案：3～5歳児「いろんな色水を作って遊ぼう」

<table>
<tr><td rowspan="6">発達的側面</td><td colspan="2">〈情意的側面〉</td></tr>
<tr><td colspan="2">・水の感触を楽しみ、情緒的な開放感を味わう。</td></tr>
<tr><td colspan="2">・自分でいろいろな色を作り出していく喜びを味わい、自信と活動意欲を高める。</td></tr>
<tr><td colspan="2">〈知的側面〉</td></tr>
<tr><td colspan="2">・混ぜた時の色の変化に気づき、いろいろな色水を工夫して作る。
・ある色を作るためにはどの色を混ぜたらよいか色の組み合わせや量を考える。
・作った色水を種類ごとに分けて並べたり、色の濃さなどを比べたりする。
・色の名前を知る。</td></tr>
</table>

環境構成	子どもの活動	保育者の言葉かけと手だて
〈場所〉 　園庭 できた色水を置く所　用具を置く所 　　　スプーン　透明なカップ 　　　● ● ● ○ 　　　色水の水槽（赤・青・黄・白） 　　　● ● ● ○ 〈準備物〉 ・ポスターカラー（赤・青・黄・白） ・水槽（色別） ・透明カップ ・洗剤用スプーン ・ぞうきん ・バケツ ・できた色水をおく机には紫色、緑色、オレンジ色、	○準備をする ・スモックを着る。 ・帽子をかぶり、靴をはきかえて園庭に出る。 ・用具、素材をみんなで準備する。 ○保育者が作った色水を見る ・水槽の中に絵の具がひろがるようすを見る。 ○お約束を知る ・色水を飲まない ・作った色水は水槽の原色の中に入れない ○カップに色水を作って遊ぶ ・1色だけを見立てて遊ぶ ・2色を混ぜて新しい色水を作る 　赤・黄→オレンジ 　赤・青→紫 　青・黄→緑 　赤・白→ピンク ・3色又は3色以上混ぜて色水を	・スモックを着て帽子をかぶり、園庭へ出るように言う。 ・少しずつ絵の具を水槽に入れ絵の具がひろがるようすを見ながら色水遊びに興味や期待がもてるようにする。 ・「飲まない」「作った色水は水槽の中に入れない」ことを確認する。 ・できた色水を置く所といらない色水はバケツに捨てることを知らせる。 ・「ここにある色水を使っていろんな色水を作ってみましょう」と言葉かけする。 ・子どもたちの仲間の一員として保育者も遊びに参加する。 ・子どもの遊びの流れに沿いながら、「この色とこの色を混

こげ茶色に塗ったカップの絵カードを貼っておく	作る。 　　こげ茶色や黒色 ○量（濃さ）を加減して、濃淡の違う新しい色水を作る。 　・薄い緑→メロン色 　・濃い緑→抹茶色 ○友だちと関わりながら遊ぶ 　・色を比べる。 　・色をまねる 　・色の作り方を教えあう ○片づける ○手洗いをする。	ぜるとどんな色水ができるかな？」「何色と何色を混ぜて作ったの？」など色の組み合わせに気づくような言葉かけをする。 ・「これと同じ色ができるかな」「もっと違う色ができるかな」と投げかけ、ある色を作ろうとする意欲や興味をもたせる。 ・子どもの驚きや発見を受けとめ共感し、興味や関心をより深めていく。 ・友だちが作った色水を紹介したり、「○○ちゃんの色水を見てごらん」「○○ちゃんと同じ（違う）色水を作ることができる？」「○○ちゃんに作り方を聞いてみたら？」など子ども同士の関わりを促す。 ・次回への期待をもって片づけができるようにする。

※指導案はおおまかな展開の流れにそって書かれています。指導案に書かれているすべての活動を1日で終わらせるという意味ではありません。

第15章

しゃぼん玉遊び

宮川洋子（こじかこども園）
本川由美（こじかこども園）

1. はじめに

　しゃぼん玉遊びといえば、簡単にしゃぼん玉が作れる既製品のストローやしゃぼん液がよく使われます。しかし、子どもたちは初めのうちはこのようなしゃぼん玉遊びを喜んでしますが、何度か遊ぶうちにすぐに飽きてしまいます。というのは、こういったしゃぼん玉遊びの中には、子どもたちが考えたり工夫する要素が少ないからです。すなわち、どのようにしたらストローにしゃぼん液がつけられるか、どのように息を吹き込んだらしゃぼん玉になるか、ふくらむしゃぼん液を作るにはどれくらいの水と洗剤を混ぜたらよいか、ストロー以外にもしゃぼん玉を作る物はないかなどがそれです。

　3章で述べたように、しゃぼん玉遊びは「物の動きを作り出す遊び」と「物の変化を作り出す遊び」の両方が混ざり合った遊びです。吹くという働きかけによってしゃぼん液が"ふくらむ"という結果は、しゃぼん液それ自体の性質による「物の変化を作り出す遊び」です。一方、しゃぼん液にふくらむという動きを作り出すのは、"吹く"という働きかけによる「物の動きを作り出す遊び」でもあります。そこで、私たちはこういった考え方を頭において、子ども

写真 15-1

たちが興味をもって考えながら遊ぶことのできるしゃぼん玉遊びを工夫してみることにしました。私たちが取り組んだしゃぼん玉遊びは、以下の通りです。

①ストロー類や日常の生活用品などを使ってしゃぼん玉を作る。
②自分でストローを作ってしゃぼん玉を作る。
③自分でしゃぼん液を作ってしゃぼん玉を作る。

では、これらのしゃぼん玉遊びの中から、①と②の2つの遊び方を紹介することにしましょう。

2. しゃぼん玉を作って遊ぼう

(1) 遊びの導入

しゃぼん玉遊びに取り組む時期が来ると、保育者はしゃぼん玉の歌や絵本（「しゃぼん玉」小林明子作など）や科学絵本などをお集まりの時間に取り上げて、子どもたちが自然にしゃぼん玉遊びに興味を持てるようにします。そうしたある日、自由遊びの時間に、誰でもしゃぼん玉が作れる既製品のストローやしゃぼん液を使って遊んだ後、4歳児クラスの24人を2グループに分けて、次のようなしゃぼん玉遊びをすることにしました。（20分程度で交代）

保育者は子どもたちの前で、準備したストローの中から「うちわの骨」を選んでしゃぼん液をつけ、空中で振り回しました。すると、たくさんのしゃぼん玉が空に舞い上がりました。子どもたちは歓声を上げて、「ぼくもやりたい！わたしも！」と大喜びです。そこで、保育者は準備したいろいろな用具を見せながら、子どもたちに「これらの用具を使ってみんなもしゃぼん玉を作ることができるかしら？」と投げかけました。

(2) 準備物と環境構成

用意した素材や用具は以下の通りです。

1) 素材や用具（1グループ約12人分）

①吹く用具（ストロー類や廃材）

②振る用具（日常生活用具や廃材）各2～3個ずつ

　ワンパターンの既製のストローとは違って、子どもが液のつけ方や吹き方や振り方をいろいろに工夫できる身近な廃材や用具を用意することにしました。保育者は用具を選ぶに当たって安全性を考慮した上で、吹くものと振るもの、丸形とそれ以外の形、1つの玉ができる物とたくさんの玉ができる物といった3つの基準から、次のような用具を選びました（図15-1）。

　ストロー、焼き網、ザル、穴あきおたま、うちわの骨、トイレットペーパーの芯、ラップの芯、セロテープの芯、牛乳パック、フライ返し、型抜き、ジョウゴ、ビーチサンダル、おもちゃのラケットなど身近にある生活用品。

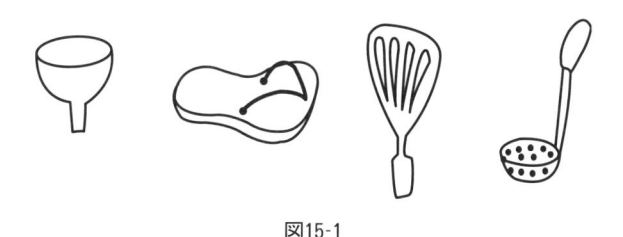

図15-1

③しゃぼん液

　台所用洗剤と洗濯糊と水を1：1：2の割合で混ぜたもの（洗剤や洗濯糊の商品によって、多少割合が異なる）。洗濯糊（ポリビニールアルコールの入ったもの）を混ぜたのは、液に粘着性が出て、幼児でもしゃぼん玉が作りやすくなると同時に、大きくてすぐに消えない玉が作れるからです。水と洗剤だけでは幼児には玉を作ることが難しいので、洗濯糊を加えるのがよいでしょう。

④タライまたは洗面器（2～4人で使える大きさのもの4個）

⑤机またはカラーベンチ（4台）

　2台はしゃぼん液を入れたタライを置き、残りの2台に道具などを置く。

2） 環境構成

　子どもがしゃぼん液をつける時に混雑しないよう、液を入れるタライは1台で2～4人が使えるようにします。また、用具やタライを置いた机は十分な間隔をとって配置します。

（3） 実践事例

　1） A児（4歳7か月、女児）：いろいろな用具でしゃぼん玉を作ろう。

　まず最初に、A児はトイレットペーパーの芯を持ってきて液につけ、口で吹いてしゃぼん玉を作りました。一度吹くだけで3～4個のしゃぼん玉が続けてできるので、液につけては吹き、液につけては吹きということを4回も繰り返し、たくさんのしゃぼん玉を作りました。

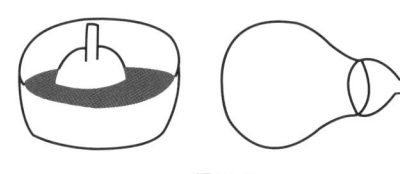

　次に、A児は中くらいの大きさのジョウゴを持って来ました。そして、大きな口の方を下に向けてしゃぼん液につけました。それから、膜がこわれないように注意深く引き上げて、小さい口の方を吹いて大きなしゃぼん玉を作りました（図15-2）。

　そして今度は焼き網を持ってきて、タライの中のしゃぼん液にザブンとつけました。それから、そっと引き上げ、焼き網の格子（枠）に息を吹きかけると、たくさんのしゃぼん玉がとびだしました。そして、まだ膜が残っている格子を探しては吹き、探しては吹きを4度ほど繰り返して、たくさんのしゃぼん玉を作りました。

　次に、A児はビーチサンダルを取ってきてしゃぼん液につけました。そして、ビーチサンダルの鼻緒の所に息を吹きかけました。すると、鼻緒がサンダルの底につながっている穴にしゃぼん液が含まれていたので、たくさんの小さなしゃぼん玉が続けて出てきました（図15-3）。A児はビーチサンダルでもしゃぼん玉ができることにびっくりしました。そして、この不思議な発見を確かめるかのように、何度

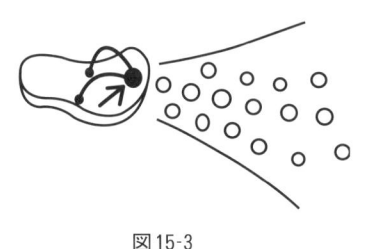

も何度もサンダルを液につけてたくさんのしゃぼん玉を作りました。

〈考察〉
　A児のやり方を見ると、しゃぼん玉を作るためにいろいろな用具を試し、それによってたくさんの発見をしていることがわかります。A児は最初に、ストローに似たトイレットペーパーやジョウゴでしゃぼん玉を作りました。そして次には、筒状ではない焼き網やビーチサンダルでもしゃぼん玉を作ろうとしました。ストローもトイレットペーパーもジョウゴも、吹き口としゃぼん玉の出る口があるという点では共通です。しかし、3番目に使った焼き網でしゃぼん玉を作るというアイディアは、タイプⅡの「〜ができますか？」という活動の最も大切なねらいを反映しています。すなわち、A児はストローのような筒状のタイプの用具でなくても、しゃぼん玉ができることを発見したからです。さらに、ビーチサンダルの穴に着目してしゃぼん玉を作る試みは、もっと独創的なことです。既製品のワンパターンのことしかできない用具では、とうてい"これでもできるよ、あれでもできるよ"といった創造的なアイディアは出てきません。物と関わる遊びのよい基準の1つは、ある行為（吹く）をいろいろな事物に応用できることです。そして、それによって、たくさんの違った結果（たくさんのしゃぼん玉、大きなしゃぼん玉など）を作り出すことができることです。A児の例は、それを例証した典型的な活動と言えるでしょう。
　また、A児のやり方を見ると、しゃぼん玉を作るためにはしゃぼん液につけて膜をつけることが必要であり、膜ができなかったらしゃぼん玉もできないという因果関係を作り出していることがわかります。このことは、A児がジョウゴをしゃぼん液につけて膜がこわれないように注意深く引き上げていることや、焼き網の膜のあるところだけを選んで吹いていることからも明らかです。

2）　B児（4歳3か月、男児）：手でしゃぼん玉を作ろう。
　B児はしゃぼん液に浸したビーチサンダルを吹いてしゃぼん玉を作り、それからうちわの骨とラケットを振ってしゃぼん玉を作りました。そして次に、自分の両手を軽く組んで液につけ、その指の間を吹いてしゃぼん玉を作りました。B児は「あっ、手でもできる！」とC児に向かって言い、再度組んだ両手

でしゃぼん玉を作って見せました。それを見たC児も、自分の右手の親指と人差し指で円形を作ってしゃぼん液に浸し、B児と同じようなしゃぼん玉を作りました。

〈考察〉
　B児はいろいろな用具を試しているうちに、しゃぼん玉を作るためには膜を作ることが不可欠だということに気づいたようです。つまり、どんな素材や形の違う用具であっても、"膜ができればしゃぼん玉は必ずできるはずだ"という仮説を立てたのです。他の子からヒントを得たのか、それとも自分の独創的なアイディアなのかはわかりませんが、B児が両手を組んで液に手をつけ、慎重に組んだ両手を引き上げ、指の間にできた膜を吹いてしゃぼん玉を作ったのにはびっくりしました。B児は保育者が用意した用具だけでは満足せず、自分で考え、自分で工夫することによって、手を用具にしてしゃぼん玉を作ることに成功したのです。そして、B児のようすを見ていたC児も、B児とは違った形を手で作り、しゃぼん玉を作りました。C児がB児とは"違った形"を作ったことからもわかるように、これは単なるマネではありません。一人ひとりが並行的に遊ぶタイプⅡの遊び方の中にも、豊かな子ども同士の相互作用があります。子どもたちは他の子のしていることにヒントを得てチャレンジしたり、さらに考えを深めて新しいアイディアを作り出すことができるのです。

3）C児の事例（4歳11か月、男児）：大きなしゃぼん玉を作ろう。

　子どもがいろいろな用具でしゃぼん玉を作れるようになった頃を見はからって、保育者はハンガーリング（図15-4）を子どもたちに見せ、「これを使って大きなしゃぼん玉ができるかしら？」と投げかけました。ハンガーリングは、クリーニング用のハンガーを変形させて周囲に毛糸を巻いたり、裂いた古布を巻いて作った物です。

図15-4

　C児はさっそく大きなハンガーリングに液をつけて、膜が張ったことを確認しました。それから、膜がこわれないようにリングをゆっくりと引き上げました。そして、リングを腰の高さで水平に持って歩き出しまし

た。しかし、3〜4歩あるいたところで、リングに張った膜がこわれてしまいました。C児はもう一度タライの所へ戻り、リングを液に浸しました。今度も慎重にゆっくりとリングを引き上げて水平にし、広い場所まで歩いて行きました。C児は歩く時、膜がこわれないように、先ほどよりもさらにゆっくり、自分の体を上下に揺らさないようにしながら歩きました。そして、広い場所に来ると、リングを風に当てるようにゆっくりと垂直にしました。この日は風がなかったので、垂直にしてもしゃぼん玉はできませんでした。すると、C児は風をひきおこすかのように自分の体をゆっくりと回転させました。そして、とうとう写真のような巨大なしゃぼん玉を作り上げたのです。

写真15-2

〈考察〉

ここでは、C児がどのような関係づけをして、どんな知識を構成しているのかについて考察してみましょう。

最初に注目したいのは、C児がリングを慎重に引き上げて、ゆっくり歩いたことです。このことは、C児が慎重に引き上げてゆっくり歩くことと、しゃぼん玉の膜をこわさないようにすることとを関係づけていることを示しています。そこには物理的知識の構成が関係しています。

2番目は、C児が水平にしたリングを垂直の向きに変えて、身体を回転させていることです。このことは、C児が息を吹く代わりに、身体を回転させて風を作り出すことと、膜に風を当てて膨らませることとを関係づけたことを示しています。ここには物理的知識と空間的知識の構成が関係しています。

3番目は、C児が一定の速度でゆっくりと身体を回転させていることです。このことは、C児が身体の回転の速さと膜がこわれない程度の風の強さを関係づけていることを示しています。ここには物理的知識と時間的知識の構成が関

係しています。

　このように、しゃぼん玉遊びにはたくさんの物理的知識や時間的知識や空間的知識が関係しています。一般に、しゃぼん玉のような理科的活動には、物理的知識だけが関係しているように思われがちです。しかし、C児の事例を見ると、実際には、時間的知識も空間的知識も物理的知識と重なり合いながら発達していくことがわかります。

　4）　D児（5歳6か月、男児）：吹く用具（ストロー）を作ろう。
　子どもがしゃぼん玉を作れるようになったので、保育者は画用紙や広告紙などを見せ、「ここにある紙を使ってしゃぼん玉ができるかしら？」と言って紙を使ってストロー作ることを投げかけました。
　同じタイプⅡの遊び方でも、しゃぼん玉遊びには①しゃぼん玉を作る②吹く用具を作る③しゃぼん液を作るという3つの活動があります。これまでの事例では①の活動だけに焦点を当てていましたが、ここでは②の「吹く用具も自分で作ることができるかしら？」という活動も取り入れることにしました。そうすれば、子どもたちのしゃぼん玉遊びはさらに豊かなものになるにちがいありません。またここでは①と②の活動を取り入れましたが、さらに③の「しゃぼん液を作る」活動にも取り組むと、子どもたちの知識はさらに豊かなものになるでしょう。なお、この実践で準備した用具は、画用紙や広告紙、セロテープ、はさみ以外は事例1、2、3と同じです。
　D児は最初に1枚の広告紙を取り、広告紙の対角線の角を合わせました（図15-5）。そして、それをテープで止めましたが、すぐにもとに戻しました。そして今度は、その広告紙を拡げて、メガホンの形になるように丸めてテープで止めました（図15-6）。そして、はさみで広い方の口を切りそろえました。
　それから、D児はしゃぼん液の入っているタライの所へ行き、狭い口の方をしゃぼん液につけて、広い口の方を吹いてしゃぼん玉を作りました。しゃぼん玉は狭い口の方から鉄砲玉のように15個も続けて出てきました。
　次に、D児はもう一度狭い口の方に液につけて、広い口の方を吹こうとしました。ところが、当日は風の強い日だったので、偶然に広い口の方から風が入ってしゃぼん玉が自然にできました。それを見たD児は、「何もしていない

図 15-5　　　　　　　　図 15-6

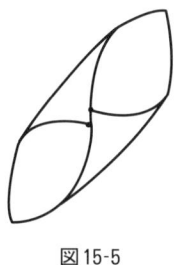

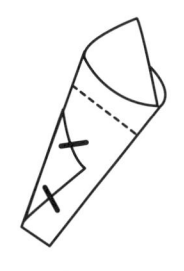

のにしゃぼん玉ができた！」と驚いて言いました。
　さっそくD児は、もう1度狭い口の方をしゃぼん液につけてから、広い口の方から風が入るように、筒の向きをいろいろに調節しました。何回か向きを調節しているうちに、風向きが膜とピタッと合い、しゃぼん玉が20個くらい続けて出てきました。するとD児は、風を利用してもしゃぼん玉が作れることに確信をもったらしく、さらにもう1度狭い口の方に液につけて、迷うことなく広い口の方を風上に向けました。すると前よりもっと強い風が筒の中に入り込んで、もっともっとたくさんのしゃぼん玉が続けざまに出てきました。それを見てD児は「すごい、すごい！」と驚きの声をあげました。

〈考察〉
　ここでは、D児が紙のストローを作る時にはどのような関係づけをしたか、そして、しゃぼん玉を作る時にはどのような関係づけをしたかについて考察することにしましょう。
　初めにストローを作る時、D児は広告紙の対角線の角をくっつけました。しかし、その後ですぐにこのやり方をやめました。というのは、図15-5のような形だと、筒状のストローにならないことがわかったからです。このことは、D児の頭の中にあった筒状のストローのイメージとできあがった形との間にずれがあったことを示しています。そこで、D児は広告紙の端をずらして丸めました。すると、望んでいたような筒状のストローができあがりました。ここには、丸めるという物理的行為とできあがる形という空間的関係づけが関与しています。

2番目は、D児が丸めた筒のとがった先をはさみでまっすぐに切りそろえたことです。このことは、D児がしゃぼん玉を作るためには先端に膜を作らなければならない、そして、しゃぼん液が先端にくっついて膜になるためには筒の先端を丸くまっすぐにしなければならないということがわかっていたからです。ここには、物理的知識（膜）と空間的知識（一方の先端、まっすぐな円形）が関係しています。

　最後は、D児が発見した素晴らしいアイディアについてです。D児はしゃぼん玉は口で吹いて作るものだと思い込んでいましたが、偶然に風が筒の中に吹き込んでしゃぼん玉ができることを発見しました。この発見は、最初はまだ漠然としていました。しかし、事例を見ると、D児が確信を持って、風の力を利用してもしゃぼん玉ができるという原理を発見したことがわかります。すなわち、D児が狭い口よりも広い口の方に風を入れることにし、それから、風がどちらから吹いているかを見極め、風上の方に口を向けてたくさんの風が入り込むようにしたのがそれです。このことは、しゃぼん玉が口で吹くことによって作り出される風（息）から作られるとすれば、口で吹かなくても風上に吹き口を持って行けば同じようにしゃぼん玉ができるはずだという論理をD児が作り出したことを意味しています。

　このように、しゃぼん玉を作るという活動にストローを作るという活動が加わると、風の力と息の力の類似関係、吹き口の大きさと入り込む風の量との関係、風の方向と筒の向きとの関係といったたくさんの関係づけが作られ、しゃぼん玉遊びはさらに豊かなものになっていきます。

3.　ワンポイントQ＆A

Q1. 市販の安全なしゃぼん液がありますが、それは使わないのですか？
A1. 口に入れても安全な液を教材店等から購入することができます。3歳未満児のしゃぼん玉遊びの時は、安全液を使うようにしています。しかし、年中や年長児では事例で紹介した物を使いますし、ハンガーリングで大きなしゃぼん玉を作るなどの振って遊ぶ場合には、手作りの液

の方が大きなしゃぼん玉が作れます。もちろん材料代も安く、たくさんの量の液を作ることができるので、皆さんもぜひ試してみて下さい。

Q2. しゃぼん液がうまく作れないのですが、配合を変えた方がよいですか？

A2. ここに載せているしゃぼん液の材料の割合は、あくまで目安です。洗剤や糊の種類によってでき具合は変わってきますし、水温や気温、晴れや曇りなどの天候や季節によっても変わります。子どもたちが遊ぶ前に、まず保育者が試してみて、最適な液に調節してから子どもに提供するのがよいでしょう。

4. 指導案：4〜5歳児「しゃぼん玉を作って遊ぼう」

発達的側面	〈情意的側面〉 ・しゃぼん玉ができる達成感を味わう。 〈知的側面〉 ・しゃぼん玉を作る用具や素材を選び、いろいろ試してみる中でしゃぼん玉のでき方に違いがあることを知る。 ・どこにどのように膜を張らせるか、どのように振ったり吹いたりするかを空間的に考える。 ・膜がこわれないように、液から引き上げたり、振ったりする速度を調節する。 ・用具の名前を知る。 〈社会・道徳的側面〉 ・自分の使った用具など、責任を持って最後まで片づける

環境構成	子どもの活動	保育者の言葉かけと手だて
〈場所〉 園庭 　　タライ 用　具　材　料 　　タライ 〈準備物〉 ○身近な用具 ・ストロー・焼き網・おろし金・ザル・茶こし	◎しゃぼん玉を作る。 ○保育者の話を聞く。 ・用具の名前 ・使う場所 ・使い方 ・片づけ方 ○活動の場所に移動する。	・「ここにある物を使ってしゃぼん玉を作って遊びましょう」と用具を見せて、遊びを投げかける。 ・口で吹く用具についてはシャボン液が口に入らないように、使った後は決まった所に入れるように話をして、かごを用意しておく。 ・遊ぶ人数に応じて十分遊べる用具の数を用意する。 ・しゃぼん玉をふくらます時、ぶつかったり、しゃぼん液が他の子に当たらないよう、十分な広さを確保して設定する。 ・同じ物を使って何度も試している時や

穴あきおたま・うちわの骨・トイレットペーパーの芯・ラップの芯・テープの芯・空き箱・牛乳パック・フライ返し・型抜き・みそ漉し・リングモール・ポテトマッシャー・じょうご・ビーチサンダル・おもちゃのラケット・ハンガーリング　　　　　　　　　など ○机 4 台 ○たらいまたは洗面器 4 個 ○しゃぼん液 　水 1ℓ に台所用洗剤と洗濯糊と水を 1：1：2 の割合で混ぜたもの	○いろいろな用具を使ってしゃぼん玉を作る。 ○片付ける。	なかなかできない時など、保育者がすぐに介入するのではなく、子どもがどんなことを考えながらやっているのかしばらく見守るようにする。 ・遊んでいる中で息の吹き方や手の動かし方でうまくできない場合は、他の子がやっているのを見せたりしながら、どうやってふくらますことができるか考えることを促していく。 ・1 つの用具しか使わず飽きてしまっている場合は、他の用具でもふくらますことができるか投げかけて、どの用具を使うか自分で選んでやってみることを促す。 ・しゃぼん玉ができる、できないではなく、子どもが何度も試しながらどのようにすればしゃぼん玉を作ることができるか、またできない時にはなぜうまくいかないかを考えるよう促しながら必要な時には介入していく。 ・20 分くらいを目安に遊びを終える。

第16章

水遊び

橋本祐子（関西学院大学）

1. はじめに

　水を使った遊びには、流したり、水鉄砲でとばしたり、物を浮かべたりといったさまざまな遊び方があります。また、水はそれ自体がとても魅力的な素材なので、感触を楽しむだけでも遊びになります。手を洗いに行ったはずの子どもが、いつのまにか水遊びをしていたということもよくあることです。

　デヴリーズら（2002）によれば、水遊びは水を使って楽しむだけの遊びではなく、子どもが水を使いながら水の性質や現象についてよく観察し、よく考えることができる物と関わる遊びの1つです。この章では、穴があいた容器を使って、穴から「水が流れ出る」ことを楽しむ遊びを紹介します。保育者は、子どもが水の動きをよく観察できるような材料や道具を工夫し、水の動きに関わる要因について子どもたちがさまざまな関係づけができるよう援助しています。

2. 流れる水で遊ぼう

（1）遊びの導入

　保育者は（2）で述べるような材料と環境を準備し、3歳児から6歳児までのどの年齢の子どもにも、まず材料を使って水を流してみるタイプⅠの遊びを導入しました。「これを使って自由に遊んでみましょう」と保育者が投げかけると、子どもたちはすぐに興味をもって遊び始めました。そして、カップやジョウロを使って「注ぐ」、「あふれさせる」、「空にする」、じょうごを使って

「流す」、「受ける」といった活動を繰り返し楽しみます。それだけでも楽しい遊びですが、中にはカップの穴に気づいていないような子どももいます。そこで、子どもが「水が流れ出る」現象に注目できるように、保育者がネット台に穴があいているカップを掛け、ジョウロで水を注いで見せました。

この遊びを初めて導入する時には、まず底面に穴があいているカップだけを準備しました。そして、カップを縦に並べ、水が上から下に直線で流れていくのを見て楽しむようになると、次の展開として、側面に穴のあるカップを加えて準備しました。

このようなタイプⅠの遊びを十分に遊んだ子どもには、次にタイプⅡの遊びを導入しました。そして、ネット台の上部にあるカップやじょうごをスタートとして、下の位置にあるカップまで「流れる水をつなげていくことができますか」と投げかけました。

（2） 準備物と環境構成
1） 素材や用具
①カップ

　カップは市販のプラスチック製を使いますが、底面と側面に穴をあけます。図16-1のように底面の穴は大きさや数を変え、側面の穴は高さに変化をもたせます（今回の実践にはありませんが、底面と側面のどちらにも穴があるカップも考えるためのよい材料になります）。水の動きがよくわかるように、カップは透明のものを使います。また、穴の位置がよくわかるように、穴の周囲を黒の油性ペンなどで縁取りしておきます。穴があいていないカップもいくつか準備します。

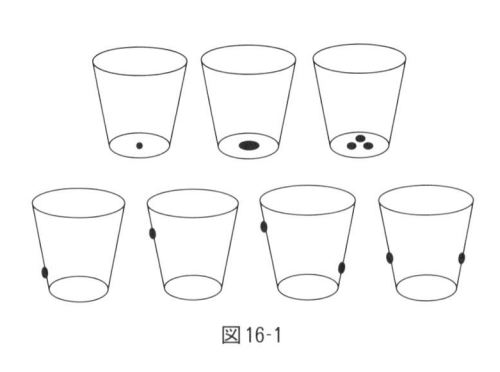

図16-1

②カップを掛ける台とタライ

　カップを掛けるための台を準備します。ここではインテリアなどで使わ

れるワイヤーネットを利用しています（写真 16-1）。このような台を使うと、子どもの目線の高さにカップを固定でき、水が流れ出る現象に注目しやすくなります。また、カップを手でもつ必要がなくなり、3つ以上のカップを関連づけて考えることが可能になります。水が受けられるようにネット台の幅と同じぐらいの長方形のタライを準備します。

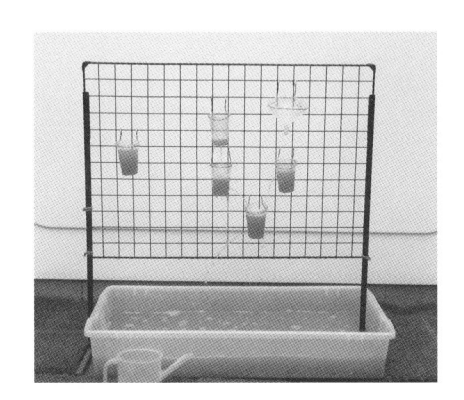

写真 16-1　　　　　　　写真 16-2

③じょうご

　じょうごも水の動きがよくわかるように透明のものを使います。ペットボトルの上部だけを切り取ったものを使うこともできます。ペットボトルを使うと、子どもがふたをつけたりはずしたりすることができるので、考えるよいチャンスになります。

④ホルダ

　カップやじょうごをネット台に掛けられるように太目の針金でホルダを作りました（写真 16-2）。子どもが自由にカップやじょうごの位置を移動できるように、つけはずししやすいようにしました。子どもが好きなだけカップを使えるように、カップと同じ数のホルダを準備しました。

⑤ジョウロ（水差し）

　水を流し入れるためのジョウロ（水差し）を準備します。注ぎ口はシャワー状のものではなく、ひとつひとつのカップにうまく水が注げるように先

が細いものがよいでしょう。また、水を入れる口は、水を入れたり、受けたりしやすいように、大きく開いたものがよいでしょう。

⑥水

水の動きがよくわかるように絵の具などで色付けをします。

2) 環境構成

園庭の一角にネット台を2台準備し、自由遊びの時間にいつでも遊べるようにしました。ネット台の近くにテーブルを置き、自由に選んで使えるようにカップとホルダを並べて置いておきます。遊んでいるうちに、すぐに水浸しになってしまうので、足元に人工芝のマットを敷きました。

(3) 実践事例1: 底に穴があいているカップだけを使って遊ぼう。

底に穴があいているカップと穴があいていないカップを準備すると、その違いに気づく子どもと気づかずに遊ぶ子どもがいます。

1) A児（3歳7か月、女児）: どうして水が出てこないんだろう？

A児は、ネット台に掛かっているカップに水を注いで遊んでいました。ちょうどA児の目線の高さに穴があいていないカップが1つありました。A児はジョウロを使ってそのカップに水を注ぐと、すぐにジョウロをカップの下にもっていき、出てくる水を受けようとしました（図16-2）。水が出てこないのを見ると、不思議そうにカップを横からのぞき込みました。そして、カップの中に手を入れて、かき混ぜる動きをし、水がカップの上からあふれ出るのを見ていました。

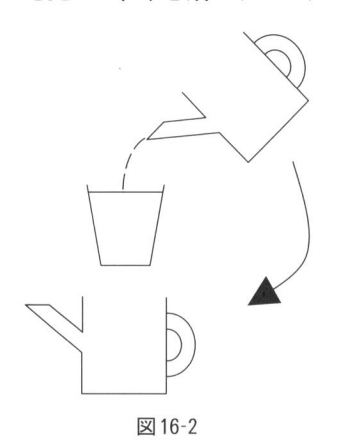

その後、A児はもう1つのネット台に移動し、縦にいくつか並べられたカップに水を注いで遊んでいました。その時、穴あきカップの底から水が流れ出るのをじっと見たり、手で受けたりしていました。次に、穴あきカップと穴なしカップが横並びになっているところに移り、どちらにも水を注ぎました。そこで保育者が

図16-2

カップを指差しながら、「これ（穴あきカップ）はどんどん減っていくんだけど、これ（穴なしカップ）はぜんぜん減らないね」と声をかけました。すると、A児は水が減っていないカップに手を入れて、さっきと同じようにかき混ぜる動きをしました。そして、すぐ上にある空になった別のカップと見比べていましたが、何も言わずに水を注ぐ遊びを続けました。

〈考察〉

　A児はカップに水を入れると底から水が出てくるという物理的な現象に気づいています。しかし、流れ出るカップとそうでないカップがあるという分類はまだしていません。そのため、カップの底から水が出てこない場面で矛盾を感じています。カップから水が出てこないのを見た時や、水が減っていないカップを見た時に、カップの中に手を入れてかき混ぜたのは、そうすることによって水の動きを作り出せると考えたからでしょう。このような姿から、穴があいているから水が流れ出すという関係づけをしていないことがわかります。A児の場合、カップの違いやカップの中の水の変化に注目しておらず、水を注ぐという自分の働きかけに対して、水が流れ出てくるという反応が返ってくることを楽しんでいる段階と言えるでしょう。

　4歳児以上になると、穴あきカップと穴なしカップの違いにすぐに気づく子どもが多くいます。穴がないカップを「使えない」ものとして分類したり、水をすくって注ぐ道具として別の使い方をしたりします。次に紹介する事例の子どもは、穴の有無に気づいているだけでなく、穴の大きさの違いにも注目しています。

2）　B児（5歳4か月、男児）：小さい穴は水の流れが遅い。

　B児はもう1人の5歳児の男児と一緒に、底に穴があるカップを縦に4つ並べ、上から水を流して遊んでいました（図16-3）。aの穴は中くらいの大きさで、cは穴が3つあり、dは大きな穴があいているのでどんどんカップの中の水が流れていきます。bは小さな穴なので、なかなか水が流れず、たまっていきます。何度も水を流していくなかで、B児はbのカップを指差して「あ、ここ満タンだ」と言いました。後ろで見ていた保育者が「ほんと」と言うと、bのカップの底を指差して「ここ穴小さいよ。大きいやつないかな」と言いまし

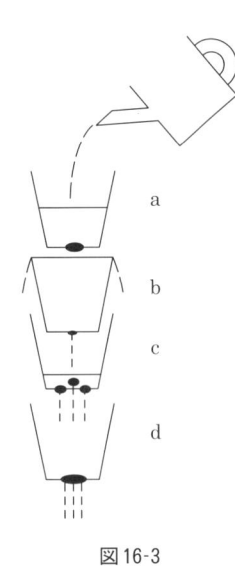

た。そのままもう一度上から水を流すと、今度はbのカップを見ながら「水遅いんだけどな、これ」と言いました。保育者が「水は遅くない方がいいの？」と聞くと、「水遅かったらお部屋に帰る時間が早くなる」と言いました。

〈考察〉
　B児は、他のカップの水がどんどん減っていくのに対して、bだけは水が減らずにカップいっぱいになっていることに気づきました。そして、それはカップの底の穴が小さいからだと言っています。つまりB児は、カップの穴の大きさが違うと水の流れ方が違うという関係づけをしていると言えます。さらにB児は、bのカップの水の流れ方が「遅い」と言っています。これはB児が、水がたまっているのは水が流れ出るのに時間がかかっているからだと理解していることを示します。つまり、カップの穴の大きさによって水が流れる時間の長さが違うという時間的な関係づけをしているのです。B児が水の流れ方を時間の長さとしてとらえていることは、最後の言葉からもわかります。水が流れるのが遅いと、それだけ時間が経ってしまい、遊びを終えて保育室に戻る時間になってしまうと言っているからです。

図16-3

（4）　実践事例2：側面に穴があいているカップを使って遊ぼう。

　底面に穴があるカップと側面に穴があるカップの違いは、前者は水が上から下へまっすぐに流れ、後者は弧を描いて流れることです。側面に穴があいているカップを導入すると、自分に向かって水がとんできて、びっくりする子どもがいます。

　もう1つの違いは、底に穴があるカップは水が全部流れ出てカップが空になるのに対して、側面に穴があるカップは、水の流れが止まってもカップに水が残ることです。カップに水が残っていることに気づく子どもの中には、カップをぎゅっと握って圧力をかけたり、カップの中に手を入れてかき混ぜたりして

水の動きを作り出そうとする子どもがいます。しかし、何度も水を注いで、水の動きやカップの中の水の変化をじっと観察する子どももいます。次に紹介する2つの事例は、保育者が質問や指摘をしたことで、子どもが側面の穴と水の流れをどのように関係づけているかがわかった例です。

1） C児（6歳2か月、女児）：水面が穴の位置にくると水が出なくなる。

C児は、穴あきカップ4つと穴なしカップ1つがネット台にランダムにかかっている状態で水を流して遊んでいました。その中に図16-4のように側面に穴が1つあるカップがありましたが、穴が高い位置にあるために、水がすぐ流れなくなってしまいます。C児がネット台にあるすべてのカップに水を注いで水が流れ出るのを見ている途中に、保育者が図16-4のカップを指して「このカップ、止まってるね」と言いました。すると、C児は穴を指差して「ここに穴があるからでしょ」と答えました。保育者が「ここに穴があるから出なくなるの？」と聞くと、「待って」と言ってカップに水を注ぎました。そして「ここの1番上まで来てると出るんだけど、穴があるところに水がくると出ないんだよ」と説明しました。

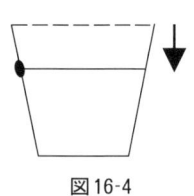

図16-4

〈考察〉

C児がこの遊びを始めてから、まだそれほど日数が経っていませんでした。しかしC児は、カップの中の水が減っていくことや、水が途中で出なくなるということに気づいています。そして、水が出なくなるのは穴があるからだと言っています。保育者がその意味を確かめるために質問をすると、実際にやって見せて、水がどこまで入っているかによって水が流れたり流れなくなったりすることや、穴の位置に水がくると水が出なくなることを説明しています。このことはC児が水面の位置が変化することに気づいているだけでなく、穴の位置と水の流れとの空間的で物理的な関係づけを作り出していることを意味しています。

2） D児（6歳1か月、男児）：穴が低いと水がずっと流れる。

D児はネット台に10個の穴あきカップがかかっている状態で、もう1人の6歳児の女児と一緒に遊んでいました。いくつかのカップは、流れ出る水が次

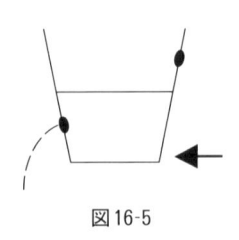

のカップに入るように置かれていたので、D児たちは1番上にあるカップに水を注ぎ、水がつながって流れるようすを見て遊んでいました。その中に図16-5のカップがありました。左側の穴は低い位置にあるため水が流れ続けますが、右側の穴は高い位置にあるので、すぐに水が流れなくなってしまいます。D児たちが遊んでいる途中で、保育者が高い方の穴を指差して、「ここから下につなげたいんだけど、すぐ止まっちゃうんだよね」と言いました。するとD児が「あ、高すぎるんだ」と言って、図の矢印の部分を指で触りながら、「もうちょっとここらへんにしたらいいんだ」と言いました。

図16-5

〈考察〉
　D児は保育者の投げかけに対して、「すぐ止まる」のは穴が「高い」位置にあるためで、「ずっと流れる」ためには穴を「低い」位置にすればよいという提案をしています。これはD児が、穴の位置を高さの違いとして空間的に関係づけていると同時に、穴の場所によって水が流れている時間の長さが違うという時間的関係づけをしていることを示しています。

（5）　実践事例3：スタートからゴールまで流れる水をつなげてみよう。
　タイプⅠの遊びを十分に楽しんだ子どもには、タイプⅡの遊びとして、ある場所から別の場所まで流れる水をつなげてみようと投げかけました。
　タイプⅠの遊びは、水の流れ方の違いや変化について考えることができる遊びですが、タイプⅡの遊びは、水の流れ方を見たり予測したりしながら、次のカップの位置を考えなければならない遊びです。次に、うまく水の流れをつなげていくために、子どもがどのような関係づけをしているかを見てみましょう。
　1）　E児（6歳2か月、女児）：つながるかな？
　E児はじょうごと6つのカップがネット台にかかっている状態で、水を流して遊んでいました。「ここ（じょうご）に入れるとね、全部ここ（すぐ下のカップ）に入るの」と言って、じょうごから水を流し、すぐ下にあるカップ

水が流れるのを見ていました。他のカップにも水を流し入れ、出てくる水を触って遊んでいましたが、出てくる水が他のカップの中につながって流れているものは1つもありませんでした。そこで保育者がE児に動かしていいかを確認して、図16-6のように並べ変えました（じょうごとaはそのままで、bとcを動かしました）。すぐにE児はbに水を注ぎました。保育者が「（水がbからcに）つながってる」と言うと、E児が関心を示したので、aからbまでを指で示して「ここもつながるかな？」と投げかけてみました。するとE児はaのカップを見ながら「つながるかな？」と言って、じょうごに水を注ぎました。じょうごから流れた水はaのカップに入り、aの穴から水が勢いよく出ましたが、bには届きません。E児はbとcを少しaに近い場所に動かしました。水を流してみると、aの穴から出た水はまだbに届きません。「もう少し」と言って、bとcをさらにaに近づけました。今度はbのカップの縁がaの穴より高くなってしまい、aから出てくる水が入りません。E児は「もうちょっと下」と言って、bのカップを下に移動しました。じょうごから水を流すとようやくaからbへ、bからcへとつながりました。E児は満足そうに、じょうごから何度も水を流し続けました。

　その後、E児はもう1つのネット台に移動しました。そこにはさっきと同じように1番上にじょうごが置かれていました。E児はじょうごの口から下に向かって水がまっすぐに流れるようすを手で表現し、「下にギューっていくでしょ」と言いました。そして、じょうごのすぐ下に側面に穴があるカップを1つ置きました。その穴を指差して「ここにあるでしょう」と言いましたが、「どう出るかわからないから」と言って、じょうごから水を入れて、水が流れるようすを見ていました。

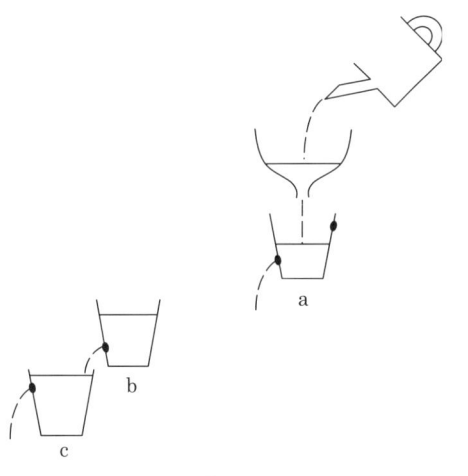

図16-6

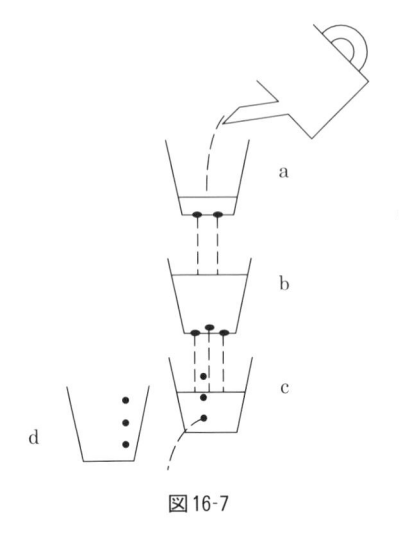

次にE児は、別の場所に移り、図16-7のaのカップをスタート地点にして水をつなげてみようと、いくつかのカップをランダムに選んできました。aのカップの下にcのカップを置こうとしましたが、しばらく考えてbのカップを置きました。そして4つのカップを図16-7のように並べて、上から水を流しました。

〈考察〉

E児は、底に穴があるカップからは水がまっすぐ下に流れ、側面に穴があるカップからは水が弧を描いて流れるという違いはわかっているようです。それは、E児がカップをどのように移動させたかを見るとわかります。図16-6では、必ずaを1番高い位置にして、bをその斜め下になるように置き、そしてcはbの斜め下になるように置いています。また、図16-7のaとbの置き方と、cとdの置き方の違いを見てもわかります。しかし、水の流れを予測して、次のカップの位置を考える時、E児は底に穴があるカップについては確信をもって水の流れ方を予測していますが、側面に穴があるカップは「どう出るかわからない」と言っています。また、図16-7のcの置き方を見ると、穴が向いている方向に水が流れることを予測していないこともわかります。

このような姿から、水の流れ方について、底に穴があるカップは予測しやすく、側面に穴があるカップは予測が難しいことがわかります。底に穴があるカップは、穴の大きさや数が違っても、下に向かってまっすぐに流れていくことは変わりません。しかし、側面に穴があるカップは、穴の高さや穴の向きによって、どこに向かって水が流れるかが変わります。また、カップの中の水の量によって、どれぐらい遠くまで水がとぶかも変わってきます。このように、側面にある穴から出る水の流れ方を予測して、次のカップの位置を考えるためには、いくつもの関係づけをしなければならないことがわかります。次に紹介する事例は、そのような関係づけを少しずつしながら遊んでいる子どもの例です。

図16-7

2) F児（6歳3か月、男児）：スタートからゴールまでいけるかな？

　F児はもう1人の6歳児の男児とネット台にやってきました。ネット台の最上部には「スタート」と書かれてあり、じょうごが固定されています。最下部には「ゴール」と書かれてあり、そこにはカップがかかっています。そして、ほかに4つの穴あきカップがかかっていました。F児は「こっちがゴールだって。こっちがスタート」と言って、カップの位置を移動し始めました。F児は一度も水を流してみることなく、図16-8のようにカップを並べ替えていきました。cのカップをbとdの間に置く時、F児はカップを側面からのぞきこみ、cの穴の位置がdのカップの縁よりも上になるようにしました。また、eのカップを置く時も、カップの縁がdのカップの穴より下になるようにしました。そして、「これでいけるかどうか！」と言って、じょうごから水を流してみました。

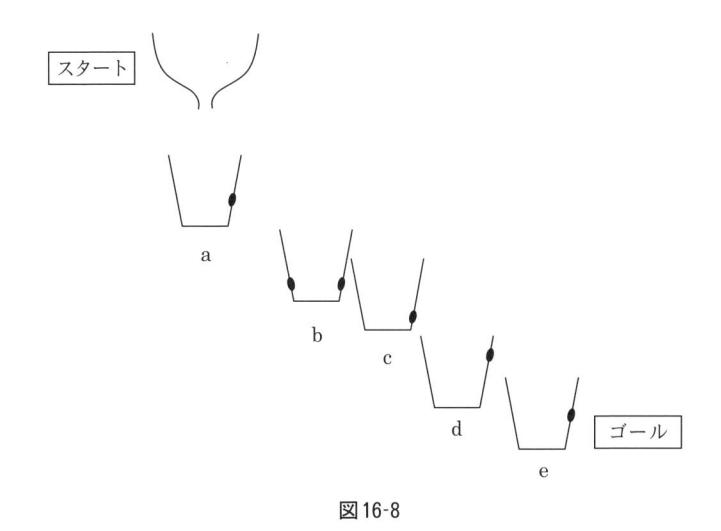

図16-8

　水はじょうごからaにうまく流れましたが、aの穴から出た水はbを越えてcのあたりまで弧を描いて流れました。F児は、水の流れるようすを見ながら、それから何度もカップやじょうごの位置を変え、最終的に図16-9のように並べ替えました。その中でF児は水の流れを見ながら、カップの位置を微妙に変えたり、カップを回して穴の向きを変えたりしました。また、スタート地点の

190　第Ⅱ部　実践編

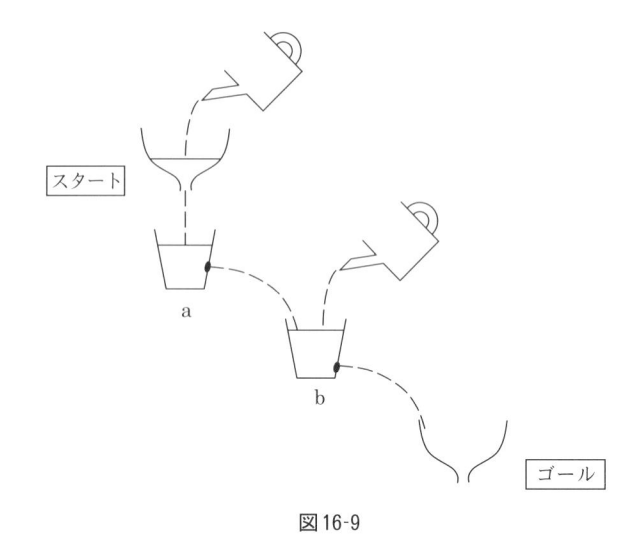

図16-9

じょうごだけでなく、aやbのカップの水が減ってきて、穴から出る水が次の
カップに入らなくなると、そこにも水を注ぎました。

〈考察〉

　F児はスタートからゴールにつなげる遊びを始めると、実際に水を流さず、
まったくの予測だけで図16-8のようにカップを並べました。これは、自分が
すでにもっている知識だけを使って考えている姿と言えるでしょう。まず、F
児のカップの置き方を見ると、側面にある穴から出た水が斜め下方向に流れる
と考えていることがわかります。また、穴の位置を確かめながらカップを置い
ているようすから、水が流れ出る穴の位置は次のカップの縁より上になければ
ならないという空間的関係づけをしていることがわかります。しかし、カップ
とカップをぴったりとつけて置いていることから、水がどれぐらい遠くまでと
ぶかは予測していないことがわかります。

　次にF児は実際に水を流してみましたが、水の流れは予測と違っていたの
で、水の動きを見ながらいろいろな調整をしています。まず、カップから出た
水を受けるために、カップとカップの間隔をあけなければなりませんでした。
また、水がうまく次のカップに入っていないのを見て、カップを回して穴の向

きを変えました。ここでF児が側面の穴から出た水がとぶ距離とカップの位置との空間的な関係づけをしているかどうかはわかりませんが、穴の向きによって水が流れる方向が変わるという空間的な関係については考えていることがわかります。また、F児はスタートのじょうごに水を注ぐだけでなく、カップの水が減ってきて水の流れが次のカップに入らなくなると、そのカップに水を足しています。これはF児が、カップに入っている水の量が多いと水は遠くまで流れ、少ないと近くまでしか流れないという関係づけをしていることを示します。

　このように、うまく水の流れをつなげていくには、いくつもの関係づけをしなければなりません。子どもは、水が流れ出るという興味ある現象を楽しみながら、自分の考えを試し、うまくいかないのを見ると他のやり方を試すという繰り返しの中で、いろいろな関係づけを作っていきます。そして、少しずつそれらの関係づけを同時に考え、うまく最初から最後まで水の流れをつなげるにはどうすればよいかを自分で考え出していくのです。

3. まとめ

　戸外で水遊びを楽しめる時期は限られていますが、子どもが水の動きをじっくりと観察したり、いろいろな考えを試したりできるように、できるだけたっぷりとした時間を準備してあげることが大切です。

　また、遊びを導入する前に、保育者がほかの保育者と一緒に、この素材や用具を使って遊んでみることも大切です。実際にやってみると、うまく水が流れるためには、いろいろな関係づけをしなければならないことがわかりますし、予測通りにいかないこともたくさんあります。そのように保育者が事前に自分で試すことによって、子どもがどのような関係づけをしながら遊んでいるかが理解できるようになり、また、よりよい援助もできるようになります。

　今回の実践では、準備されたカップの中から子どもが自由に選んで遊ぶというものでしたが、より子どもが考える遊びに発展させるために、子どもが自分で穴をあける場所を決めて試すことができる遊びにするのもよいでしょう。

4. ワンポイントQ＆A

Q1. ネット台はどこで売っていますか？

A1. 60cm × 90cm の大きさのワイヤーネットを使用していますが、ホームセンター等で 1,500 円ぐらいで販売されています。台はワイヤーネット専用のスタンドも販売されていますが、組み立て用のパイプとジョイントを使って作ることもできます。

Q2. カップの穴はどのようにしてあけたらよいですか？

A2. プラスチックカップに穴をあけるために、小型のはんだごてを使いました。きりや千枚通しを使うとカップが割れることがありますし、大きさの違う穴をあけることができません。また、切り口がギザギザだと、危険でもあり、水の流れ方も不規則になります。はんだごてを使うと、切り口がスムーズでいろいろな大きさの穴を簡単にあけることができます。

引用・参考文献

DeVries, R., Kwak, H., & Sales, C. (2002). Experimenting with draining and movement of water in tubes. In R. DeVries, B. Zan., C. Hildebrant., R. Edmiaston, & C. Sales (Eds.). *Developing Constructivist Early Childhood Curriculum* : Practical principles and activities (pp. 141-163). New York : Teachers College Press.

Kamii, C., (2000). *Young Children Reinvent Arithmetic.* カミイ著『子どもたちが発明する算数』大学教育出版

Kamii, C., & DeVries, R., (1978). *Physical Knowledge in Preschool Education*: Prentice Hall.『あそびの理論と実践』吉田恒子、加藤泰彦他訳、風媒社

Kamii, C., & DeVries, R., (1980). *Group Games in Early Education.* Washington, DC: National Association for the Education of Young Children.『集団あそび』成田錠一監訳、北大路書房

Kamii, C., Miyakawa, Y., & Kato, Y., (2004). The Development of Logico-Mathematical Knowledge in a Block-Building Activity at Ages 1-4. *Journal of Reserch in Childhood Education*; Association for Childhood Education International. Volume 19, No. 1. Fall

Piaget, J., (1927/1966). *The Child's Conception of Physical Causality.* Paterson, NJ : Littlefield, Adams.『子どもの因果関係の認識』岸田訳、明治図書

Piaget, J., (1936/1952). *The Origins of Intelligence in Children.* New York: International Universities Press.『知能の誕生』谷村覚、浜田寿美男訳、ミネルヴァ書房

Piaget, J., (1937/1954). *The Child's Coneption of Reality.* New York: Basic Books.

Piaget, J., (1945/1951). *Play, Dreams, and Imitation in Childhood.* New York: Norton.『遊びの心理学』『模倣の心理学』『表象の心理学』大伴茂訳、黎明書房

Piaget, J., (1946/1969). *The Child's Conception of Time.* London: Routledge and Kegan Paul.

Piaget, J., (1951/1976). The Development in Children at the Idea of the Homeland and Relations with Other Countries. In S. F. Cambell (Ed.), *Piaget Sampler.* New York: Wiley.

Piaget, J., (1967/1971). *Biology and Knowledge.* Chicago: University of Chicago Press.

Piaget, J., (1977). *Piaget on Piaget* (film). New Haven, CT: Yale University Media Design Studio.

Piaget, J., Grize, J. B., Szeminska, A., & Bang, V., (1977). *Epistemology and Psychology of Functions.* Boston: Dreidel. (Original work published 1968)

Piaget, J., Inhelder, B., and Szeminska, A., (1948/1960). *The Child's Conception of*

Geometory. London: Routledge and Kegan Paul.
Piaget, J., Inhelder, B., (1959/1964). *The Early Growth of Logic in the Child*. New York: Harper & Row.
Piaget, J., Szeminska, A., (1941/1952). *The Child's Conception of Number*. London: Routledge and Kegan Paul. 『数の発達心理学』遠山啓、銀林浩、滝沢武久訳、国土社
NAEYC & NCTM, (1996). *The Position Statement of National Association for the Education of Young Children*.
『幼稚園教育要領』第1章幼稚園教育の基本、文部科学省、1989
『保育所保育指針』、厚生労働省、1990

索　　引

【あ行】

アイディア　　35, 96, 97, 119, 171, 172
「空き箱自動車作り」　　20, 27, 29
遊びの教育的価値　　13
遊びの重要性　　12, 38
アメリカ子ども教育学会　　12
意見のやりとり　　33
1対1対応　　134, 135
「色水遊び」　　21, 27, 152
因果関係　　24, 64, 156, 171
「オーケストラの指揮者」　　66, 67
音を作り出す遊び　　22
鬼遊び　　12, 13, 16, 17, 18, 19, 40
鬼ごっこ　　66, 67

【か行】

「鏡を使った遊び」　　22
「影遊び」　　22
数的関係づけ　　8
数え上げ　　136
数え足し　　136, 137
カミイ（Kamii, C）　　41, 71
考える力　　17, 22, 23, 25, 41, 50, 66, 69, 70, 83, 96, 152
関係づけの統合　　49
観察　　18, 22, 25, 32, 87, 179
既製品の電池自動車　　23, 24
教科　　18, 40
教科の知識　　18
教科の枠組み　　18, 40
協同的な遊び　　27, 30, 51, 85, 125, 153, 164
協同的なゲーム　　137
興味　　32, 51, 61, 62, 64, 69, 191

空間的　　45, 49, 93, 132, 185
空間的関係づけ　　9, 13, 14, 15, 16, 17, 18, 43, 46, 52, 54, 59, 7781, 94, 101, 102, 103, 113, 115, 117, 130, 175, 186, 190
空間的側面　　50
空間的知識　　59, 103, 132, 173, 174, 176
「クーゲルバーン」　　20, 109
「クッキング」　　21, 29, 139
クッキングカード　　139, 141, 142, 146
国と町の知識　　4, 9
計数　　133
系列化（順序づけ）　　8, 9, 13, 15, 16, 18, 41, 42, 50, 52, 81, 94, 117, 119, 148, 163
構成論　　2, 3, 7, 10, 11, 12, 25, 33, 77, 96, 104, 139
行動主義　　10, 11
「氷作り」　　21
ごっこ遊び　　12, 13, 14, 15, 18, 40
子ども間の相互作用　　29, 30, 33
子ども同士の相互作用　　7, 12, 27, 33, 137, 164, 172,
子どもの興味　　25, 30, 39, 53, 55, 60, 63, 72, 140, 146
子どもの自発性　　26, 29, 30
ごほうびや罰　　10
コンカル　　98, 99

【さ行】

3種類の知識　　7, 8, 9, 12, 14, 41
「シーソー」　　12, 13, 17, 18, 64
時間的関係づけ　　5, 9, 13, 14, 15, 16, 41, 42, 49, 52, 93, 101, 102, 117, 119, 131, 147, 184, 186

時間的側面　　50
時間的知識　　103, 173, 174
時間と年齢の知識　　4
自己中心性　　16, 156
「磁石遊び」　　22
自転車の知識　　3, 9
指導上の原則　　26, 36, 60, 77
　計画する時の—　　26
　導入する時の—　　29
　遊んでいる時の—　　30
　遊びが終った時の—　　34
事物の性質　　7, 21
事物の反応　　21, 24, 126
事物の物理的特性　　14
社会（慣習）的知識　　7, 8, 9, 12, 14, 15, 16, 41, 52, 149
「しゃぼん玉遊び」　　21, 33, 167
「斜面遊び」　　20, 35, 54
「ジュースやさんごっこ」　　27
集団ゲーム　　16, 17, 28
賞罰　　10
自律性　　93, 94, 139, 142, 143, 149
数唱　　8
数概念　　8
数詞　　8, 134
数（量）的関係づけ　　8, 13, 14, 41, 45, 117, 119, 132
「すべり台」　　12, 13, 17
「洗濯遊び」　　21

【た行】
「ターゲットボール」　　20, 85
脱中心化　　156
知識の源　　7, 8
「積木遊び」　　12, 13, 15, 16, 18, 19, 20, 38

「てこの遊び」　　20, 33, 64
デブリーズ（DeVries, R.）　　71, 179
伝統的な理科教育　　25
動機づけ　　33, 78, 159
統合　　132
「ドミノ倒し」　　20, 27, 34, 73
トラブル　　36

【な行】
内部からの構成　　3, 10, 11, 18, 77
年齢についての知識　　9

【は行】
発達課題　　55, 82
発達段階　　2, 3, 137
話し合い　　35, 36, 145, 160
ハンガーリング　　172, 176
ピアジェ（Piaget, J.）　　2, 3, 4, 7, 10, 11, 19, 33, 35, 66, 69, 70
ピアジェの枠組み　　18, 40
「ビー玉遊び」　　20
「ピックアップスティック」　　20, 24
ファンクション（Function）　　64, 66, 67, 68, 69, 70
物理的知識　　7, 8, 9, 12, 14, 15, 16, 18, 26, 41, 51, 52, 54, 57, 58, 59, 103, 104, 125, 127, 131, 132, 148, 152, 156, 158, 163, 173, 174, 176
物理的な関係づけ　　185
部分と全体　　4, 9, 137
「ブランコ」　　12, 13, 17
分類　　9, 13, 14, 15, 16, 17, 40, 41, 43, 44, 45, 49, 50, 52, 54, 57, 58, 59, 94, 183
並行的な遊び　　28, 29, 30, 94, 125, 137
保育所保育指針　　38

「ボーリング遊び」　3, 20, 31, 124
「ボーリングゲーム」　27, 125

【ま行】
「水遊び」　21, 24, 35, 179
未分化　18, 40
「虫めがねを使った遊び」　21
物と関わる遊び　22
　―の重要性　22
　―の2種類の遊び方　20
　―の2つの遊び方のタイプ　26, 27
　―のよい基準　23, 171
物の動きを作り出す遊び　20, 21, 22, 167
物の変化を作り出す遊び　20, 21, 156, 167
物の性質　21

問題解決　34

【や行】
役割相補的ゲーム　16
役割並行的ゲーム　16
幼児教育における遊び　12
幼稚園教育要領　12, 38

【ら行】
領域　40
ルール　28
「ローソク作り」　21
論理数学的知識　7, 8, 9, 10, 12, 15, 16, 19, 23, 30, 41, 42, 50, 54
論理的関係　18

訳者・執筆者一覧

（翻訳・執筆順）

●コンスタンス・カミイ	アラバマ大学バーミンガム校名誉教授	【編者】第1章、第2章、第3章、第4章、第9章
●加藤　泰彦	元・アラバマ大学客員教授	【編者】第5章、第11章、第12章
●尾崎　恭子	元・アラバマ大学バーミンガム校	第1章（翻訳）、第8章、第14章
●長廣真理子	ひかりこども園	第2章（翻訳）、第10章、第13章
●宮川　洋子	こじかこども園	第3章（翻訳）、第6章、第15章
●山口　和代	ちとせ交友会	第4章（翻訳）
●加藤　承彦	国立成育医療研究センター	第7章
●山本　直子	とみやまこども園	第8章
●橋本　祐子	関西学院大学	第9章（翻訳）、第16章
●見平　和美	ひかりこども園	第10章
●向川　祐子	みどりこども園	第11章
●岩本　博美	みどりこども園	第12章
●本川　由美	こじかこども園	第15章

編著者紹介

コンスタンス・カズコ・カミイ（Constance Kazuko Kamii）
　スイス・ジュネーブ生まれの日系３世（上井和子）
　ミシガン大学博士課程修了、教育学博士（1965年）取得後、ピアジェの弟子として、ジュネーブ大学及び国際発生的認識論センターにて、ピアジェやインヘルダーらと共同研究を行う。
　イリノイ大学教授（1973～1983年）、ジュネーブ大学兼任講師を経て、現在アラバマ大学教育学部名誉教授として、世界的に活躍中。その著書は数十冊に及び、英語、仏語、スペイン語など世界各国で翻訳出版されている。また、1990年より毎年「構成論を学ぶ会」の招きで来日、全国各地の大学、研究会で講義と指導を続けている。日本語に翻訳出版されている著書は以下の通りである。（加藤記）

日本語訳書：
『あそびの理論と実践―ピアジェ理論の幼児教育への適用』吉田恒子他訳、風媒社、1985年
『ピアジェ理論と幼児教育』稲垣佳世子訳、チャイルド本社、1980年
『集団あそび―集団ゲームの実践と理論』成田錠一他訳、北大路書房、1984年
『幼児の数の指導』中沢和子訳、チャイルド本社、1982年
『ピアジェの構成論による幼児の読み書き』加藤泰彦他訳、チャイルド本社、1997年
『子どもたちが発明する算数―ピアジェの構成論にもとづく教育―』加藤泰彦、尾崎恭子監訳、大学教育出版、2003年

加藤　泰彦（かとう　やすひこ）
　元・中国学園大学子ども学部子ども学科教授
　米国アラバマ州立大学バーミンガム校客員教授（1993～1994年）
　仏教大学大学院文学研究科修士課程修了

著書：
『ピアジェの構成論による幼児の読み書き』（編著）チャイルド本社，1997年
『保育原理』（共著）法律文化社，1993年
『ビッグブックとは何か』（編著）チャイルド本社，2006年
New Directions in Childhood Education in the 21st Century（共著）G & R Publishing Co., Iowa, U.S.A., 2006.
Play from Birth to Twelve: Contexts, Perspectives, and Meanings.（共著）

Routledge: Taylor & Francis Group, New York, London., 2006.

Reading in Asian Languages. (共著) Routledge: Taylor & Francia Group, New York, London., 2012

論文：

Japanese Preschoolers' Theories about the "Hiragana" System of Writing, *Linguistics and Education*, 10(2), 1999, Elsevier Science Inc.

Piaget's Constructivism and Childhood Education Japan, *PROSPECTS*, 31(2), 2001, International Bureau of Education: UNESCO.

Young Children's Representation of Group of Objects: The Relationship between Abstraction and Representation. *Journal for Research in Mathematics Education*, 33(1), 2002, The National Council of Teachers of Mathematics: U.S.A

訳書：

カミイ&デブリーズ著『あそびの理論と実践』(共訳) 風媒社、1985年

ファース著『ピアジェ理論と子どもの世界』(編訳) 北大路書房、1988年

デブリーズ&コールバーグ著『ピアジェ理論と幼児教育の実践（上・下巻）』(監訳) 北大路書房、1992年

デブリーズ著『子どもたちと作りだす道徳的なクラス』(監訳) 大学教育出版、2002年

カミイ著『子どもたちが発明する算数―ピアジェの構成論にもとづく教育―』(監訳) 大学教育出版、2003年

ジョイ・コーリー著、ビッグブック『せんたくおばさん』チャイルド本社、2005年

ジョイ・コーリー著、ビッグブック『はらぺこのきょじん』チャイルド本社、2005年

ピアジェの構成論と幼児教育 I
— 物と関わる遊びをとおして —

2008年4月10日　初版第1刷発行
2018年3月30日　初版第2刷発行
2020年3月30日　初版第3刷発行

■編 著 者──加藤泰彦／コンスタンス・カズコ・カミイ
■発 行 者──佐藤　守
■発 行 所──株式会社 大学教育出版
　　　　　　　〒700-0953　岡山市南区西市 855-4
　　　　　　　電話(086)244-1268(代)　FAX(086)246-0294
■印刷製本──サンコー印刷㈱
■装　　丁──ティーボーンデザイン事務所

© Yasuhiko Kato, Constance Kazuko Kamii 2008, Printed in Japan
検印省略　　落丁・乱丁本はお取り替えいたします。
本書のコピー・スキャン・デジタル化等の無断複製は著作権法上での例外を除き禁じられています。本書を代行業者等の第三者に依頼してスキャンやデジタル化することは、たとえ個人や家庭内での利用でも著作権法違反です。

ISBN978-4-88730-830-5